최고의 리더는
사람의 마음을
움직인다

최고의 리더는
사람의 마음을 움직인다

초판 1쇄 발행일 2017년 11월 22일
초판 2쇄 발행일 2017년 12월 20일

지은이 문희강
펴낸이 양옥매
디자인 고유진
교 정 조준경

펴낸곳 도서출판 책과나무
출판등록 제2012-000376
주소 서울특별시 마포구 방울내로 79 이노빌딩 302호
대표전화 02.372.1537 **팩스** 02.372.1538
이메일 booknamu2007@naver.com
홈페이지 www.booknamu.com
ISBN 979-11-5776-494-5(03330)

이 도서의 국립중앙도서관 출판시도서목록(CIP)은 서지정보유통지원 시스템
홈페이지(http://seoji.nl.go.kr)와 국가자료공동목록시스템
(http://www.nl.go.kr/kolisnet)에서 이용하실 수 있습니다.
(CIP제어번호 : CIP2017030303)

최고의 리더는 사람의 마음을 움직인다

문희강 지음

책과나무

21세기 성공 비결은 '소통'에 있다

글로벌시대는 지구촌이 정보를 교류하여 경쟁하는 시대이다. 서로 다른 언어와 문화를 가진 사람들이 소통을 통해 서로 이해하고 정보를 가공함으로써 시너지효과를 창출하여 경쟁력을 높이고 있다.

21세기 4차 산업혁명시대는 정보시대이다. 정보는 교류를 통해서 시너지를 창출한다. 전 세계에 방송되었던 알파고와 이세돌의 바둑 경기는 미래사회에서의 빅데이터에 의한 정보의 중요성을 보여 주었다. 수많은 다양한 서로 다른 정보를 교류하는 것이 소통이다.

"이렇게 하라"는 방식은 지시와 명령의 수직적 리더십으로, 업무의 효율성을 높이는 데 한계가 있다. 따라서 지시나 명령보다는 감정을 자극하여 스스로 업무의 중요성을 파악하여 처리하는 소통 리더십이 세계적 추세이다. 창의적인 조직은 소통으로 문제를 원만하게 해결한다. 일방적인 지시나 통제 방식보다 스스로 동참하게 유도하는 리더십이 창조적 리더십으로 부각되고 있다. 서로 다른 생각을 공감하는 방법은 소통이다.

그리고 관리자보다는 멘토가 조직원을 자극시켜 업무의 효율성과 생산성을 높이고 있다. 상사와 직원 관계보다는 멘토와 멘티 관계가 원만한 소통으로 상대를 이해시키는 방법이기 때문이다. 세계 초일류기업의 조직문화는 멘토링 리더십 관계로 경쟁력을 창출하고 있다.

어떤 말을 어떤 순간에 사용하여 상대의 감정을 자극하여 감동시킬 것인가에 따라서 창의적 리더십으로 인정받을 수 있다. 개인이나 조직의 성공 비결은 이렇듯 감정과 감동에 의한 소통 방법에 있다.

이 책은 상대의 마음과 생각을 움직이는 소통 방법의 3단계 과정을 통해 누구나 쉽게 효율적인 소통을 하는 방법을 담고 있다. 감성과 감정을 자극하여 긍정적이고 적극적인 창조적 인재로 경쟁력을 창출하는 방법이 담긴 이 책을 통해 대인관계와 조직관계를 이끌어 가는 감성적 소통 리더십을 발휘하길 바란다.

더불어 부록에는 에니어그램(성격 분석)을 통해 알아보는 9가지 각 유형별 소통 방법을 구체적으로 기술하였다.

필자는 영남·호남 사람이 부부로 만나 지역문화의 차이, 그리고 성격의 차이로 많은 갈등이 있었고 소통이 안 되어 한때 어려움을 겪었다. 그러던 중에 심리학과 에니어그램(성격 분석)을 만나서 서로 다름을 배우고 인정하여 서로 존중하며 사는 것이 해답임을 깨닫고, 이 책을 쓰는 계기가 되었다.

이 책을 통해 소통이 잘되어 가정과 조직과 대한민국 사회가 행복했으면 한다.

2017년 11월

문희강

3단계

세계를 움직이는 리더의 9가지 소통법

부록

에니어그램(성격 분석)을 통해 알아보는 각 유형별 소통 방법

최고의 리더는 사람의 마음을 움직인다

소통과 멘토링의 관계 살피기

　소통은 상대적이다. 말하는 사람과 말을 듣는 사람이 있어야 소통이다. 즉, 상대가 있어야 소통이 성립된다. 말하는 사람은 듣는 사람을 대상으로 해야 하고, 듣는 사람은 말하는 사람을 보고 들어야 소통이다. 말하는 사람은 상대에게 필요한 정보를 제공하거나 자신의 의견을 전달하는 멘토이다. 말을 듣는 사람은 자신에게 필요한 정보를 듣거나 상대 생각을 청취하는 멘티이다.

　일방적인 대화는 소통이 아니라 통고이고 지시이다. 말하고 들으며 서로의 생각을 교류할 때, 우리는 '소통'이라 한다. 교류를 통해서 서로 다른 생각을 이해하거나 새로운 생각으로 만들어 내는 것이 소통의 결과이다. 따라서 소통은 반드시 결과를 만들지 않아

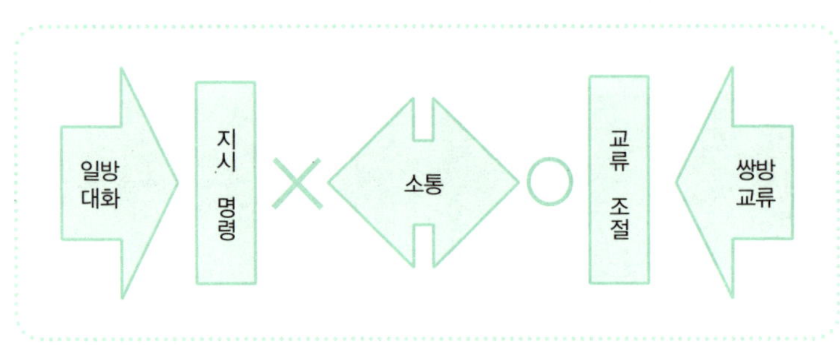

도 된다.

조직은 다양한 대인관계로 구성되어 있기 때문에 교류를 통한 소통이 중요하다. 지시하고 명령하는 조직보다 상하 조직 간에 서로의 생각을 교류하는 소통하는 조직이 경쟁력을 창출시키고 있다.

멘토는 누구인가?

성공의 비결은 어느 순간 자신에게 필요한 스승을 만났느냐에 달려 있다. 인간은 태어나기 전에 배우고 태어나면서 배운다. 누구에게 배우는가에 따라서 인생의 방향과 성공과 실패가 결정된다.

스승을 만나라! 누구에게 전수받았는가에 따라서 능력을 평가한다. 수제자는 전수자 중에서 선발된다. 스승의 능력을 가장 많이 받은 사람을 전수자로 인정한다.

성공한 자에게는 위대한 스승이 있다. 저절로 혼자서 성공하는 경우는 없다. 누군가에게 정보와 기술을 학습 받았기 때문에 성공의 기회를 잡을 수 있다. 스승의 기술을 전수받는 방법은 대화이다. 스승과 수많은 대화를 통해서 스승의 능력을 받는다. 때로는 스승과 토론을 하면서 궁금증과 의문점을 해결하기도 한다.

한자 '사람 인(人)'은 두 개의 나무가 서로 의지하는 것을 뜻한다. 한글의 '사람'이라는 단어에서 '사'의 'ㅅ(시옷)'도 두 개의 나무가 의지하는 것이고, 'ㅏ'는 하나의 기둥의 허리에 나무를 업고 있는 것이다. 한 개의 나무를 세우려면 땅을 파거나 흙을 채워서 세워야 한다. 사람은 혼자서 살아갈 수 없다는 의미이다. 이때 등에 업은 것은 스승이다.

소통(communication)은 '서로 연락을 주고받는다, 전달하다'라는 쌍방 간의 교류를 의미한다. 따라서 두 개의 나무와 같이 쌍방 간에 주고받는 관계를 이끌어 가는 것이 소통이고 멘토링이다.

문제는 '어떻게 상대에게 전달하고 주고받을 것인가? 두 개의 나무가 서로 어떻게 의지할 것인가?' 하는 관계에 대한 방법이다.

소통의 수단

"감사합니다."

주고받는 조직원 간의 인사이다. 사회는 대조직이고 직장은 소조직이다. 서로 다른 환경과 경험, 교육을 받는 사람들이 모여서 조직이 만들어진다. 서로 다르기 때문에 조직원 간의 관계를 이끌어 가는 자세와 방법이 중요하다. 이렇듯 서로를 이해하는 관계를 이끌어 가는 기술을 소통이라고 한다.

"공감합니다."

주고받은 관심에 대한 감사의 소통 방법이다.

"말이 안 통해!"

소통의 언어는 부정적이면 단절된다. 공감은 긍정적이고 감성적인 언어가 상대의 마음을 자극하여 긍정적이고 발전적인 관계를 만드는 것이다. 대화는 지속적으로 이어지는 관계를 만들어 가는 것이 중요하다.

대화와 토론은 관계를 이끌어 가는 수단

과거 서당에서는 문답이 있었다. 스승이 질문을 하면 제자가 답변을 하는 형식이다. 문답은 서로의 궁금증이나 문제점을 해결하는 수단이자 방법이었다. 문답의 수준에 따라 선비의 학식을 판단하기도 했다.

"글을 많이 아시는 것을 보아 양반이시군요."

입은 옷이 남루해도 사용하는 언어를 보고 상대를 평가했다. 의상은 무언의 대화 수단이다. 말을 하기 전에 옷차림을 보고 상대가 어느 수준인지를 파악하기 때문이다. 그러나 옷을 번지르르하게 입었는데 사용하는 언어가 거칠면 무식하다고 평가한다.

그리고 스승과 제자의 대화는 뚜렷한 주제에 의한 명제가 있었다.

"행복이 무엇이지?"

주제에 대한 서로의 생각을 나눈다. 대화는 같은 주제에 대한 관심을 주고받는 것이다. 멘토는 지속적인 관계를 이어 가는 관심사를 제시하기 때문에 멘티에게 귀중한 정보를 제공하는 것이다. 호기심, 궁금증, 의문점을 풀어 주는 멘토를 만났을 때, 비로소 자신이 원하는 꿈을 설계하고 준비하여 성공의 기회를 얻게 된다. 따라서 멘토는 기회를 만들어 주는 인생의 길잡이이다.

"뵙게 되어 영광입니다."

"만나서 반갑습니다."

어떤 인사말을 주고받을 것인가? 인사말에 따라서 관계가 형성된다. 인사말은 사회(조직)생활을 만드는 대화의 시작이다. 대화는 관심에서 시작된다. 인사를 나누는 것은 상대에게 관심의 목적이 있기 때문이다. 가족은 서로에게 이해관계를 떠난 관심으로 공존한다. 서로를 생각하는 마음이다.

소통의 시작은 인사말이다. 하룻밤을 지난 다음 날 만남의 인사를 한다.

"How do you do?"

영국은 안개가 많아서 밤사이 건강이 악화되어 세상을 떠나는 사람들이 많기 때문에 밤사이 어떻게 지냈는가를 물어보는 인사를 나눈다.

"Nice to meet you."

당신을 만나서 반갑다는 인사말은 다시 만나서 반갑다는 의미이다.

"밤새 안녕하세요?"

한국의 인사말도 비슷하다. 먹을 것이 부족했던 과거에 굶주림에 죽는 사람이 많았다. 죽지 않고 다음 날 아침 살아 있는가를 인사로 대신했다. 이처럼 인사말은 서로의 안부를 묻는 것에서 시작했다.

"좋은 아침입니다."

"상쾌한 하루 되세요."

아침에 만나는 사람과 나누는 한마디의 인사말이 하루를 행복하게 만든다. 아침마다 만나는 사람에게 색다른 인사말을 나누면 관계가 좋아진다.

"수고하셨습니다."

하루 종일 피곤에 지친 마음을 한순간에 사라지게 만들어 주는 인사이다.

상대를 편하게 만들어 주고 공감대를 형성하는 소통

"함께 치웁시다!"

도로에 쓰러진 나무를 여러 명이 들어 치웠다. 사람과 사람이 모이면 조직이 만들어지고 에너지가 모인다. 혼자 들 수 없는 큰 나무를 여러 명이 함께 협력하여 치울 수가 있는 것이다.

"내 집 앞은 내가 치우자!"

눈이 오면 자기 집 앞 눈은 자기가 치우자는 캠페인이 벌어진다.

각자가 집 앞의 눈을 치우면 도로는 깨끗해진다. 캠페인은 누군가 먼저 앞장서서 봉사하는 정신이 있어야 한다. 때로는 희생정신이 주변사람들을 뭉치게 만드는 리더십으로 나타나기도 한다.

세계화 시대의 소통 방법, 공생공존

사회와 국가는 사람들의 모임이다. 같은 민족이란 하나의 언어와 문화를 가진 사람들의 집합체이다. 지구촌에는 216개의 국가가 있고 나라마다 서로 다른 지역으로 구분된 지역민족으로 구성되어 있다. 미국은 전 세계에서 가장 많이 지역에서 이민 온 사람들로 구성된 가장 복잡하고 다양성을 가진 사람들의 모임체이다. 그럼에도 미국이라는 국가 시민으로 뭉쳐서 협력하며 공존하고 있다.

서로 다른 언어와 문화를 가진 사람들이 공존하려면 어떻게 해야 할까? 바로 상대를 배려하고 이해하는 나눔이 필요하다. 사회구성원이란, 조직이 만든 법을 준수하여 서로의 이익과 행복을 보장해주는 책임과 의무를 가진 사람들의 모임이다.

사회는 개인적 이익만이 아니라 공동체의식으로 공존한다. 공존은 소통에 의하여 서로의 생각을 나누어 이해하며 협력하는 관계이다. 때로는 서로가 멘토가 되어 공존을 위한 노력을 한다. 경쟁보다는 협력에 의한 협업을 통하여 공생한다.

사회는 소통의 문화이다. 서로를 이해하기 위한 노력이 필요하다. 선진국가와 후진국가의 구분이 상대를 배려하는 공동체의식에 의한 소통 방법의 차이이다.

직장에서의 원활한 대화

조직에는 계열이 있다. 상급자와 하급자가 관계를 통해 꾸려 간다. 상급자의 일방적인 지시보다는 상급자와 하급자 간의 평등한 협력 관계에서의 동료애가 원만하고 활발한 조직으로서 경쟁력을 가진다.

조직력이 있거나 활발한 활동을 하는 조직은 상급자와 하급자가 원활한 소통을 하는 조직이다. 상급자와 하급자가 서로의 입장을 이해하고 소통을 통하여 협동하는 방법을 찾아간다.

멘토링은 조직원이나 팀원 간의 원활한 소통을 의미한다.

"뭉치자, 협력하자, 함께하자!"

초일류기업의 현장을 가면 하루 일과가 시작하기 전에 다양한 구호를 함께 외친다. 구호는 단순한 소리를 내는 것이 아니라 팀원 간의 소통을 강조하는 요식행위이다.

멘토와 멘티는 원활한 소통관계이다.

"오늘 하루도 무사해!"

위험한 작업장일수록 멘토와 멘티는 협력한다. 건축 현장은 언제나 바쁘게 긴장감이 흐른다. 위에서 작업하는 사람과 아래에서 작업하는 사람들은 긴밀한 협조 관계로 작업한다.

"줄 내려갑니다."

위에서 소리치면 아래에서는 준비를 한다.

"오케이."

서로가 신호를 보내면서 물건을 주고받는다. 작업장에서 협력하며 일하는 것은 원활한 대화를 하는 것과 같다. 한 사람이 모든 작업을 수행할 수 없기 때문에 서로가 약속된 일정에 따라서 자신의 역할을 담당한다.

사전에서는 멘토링에 대해 '상급자(mentor)와 하급자(protege 또는 protegee) 간의 강력하고도 지속적인 관계 발전을 조정하거나 유지시키는 일련의 과정을 의미한다.'고 명시하고 있다. 선진국에서는 일반화되어 있는 개념이고, 멘토링에 의한 효과는 긍정적이고 생산적으로 나타나고 있다.

"코디가 잘되었어요."

"매혹적으로 아름답습니다."

멘토와 멘티의 조화는 멘토링이다. 서로가 잘 어울리는 것을 '아름답다'고 한다. 색상과 형태의 균형이 어울리면 아름답다. 길가에 피는 잡초도 모양이 균형을 이루고 있다. 자연의 모든 것은 균형에 의하여 존재한다. 따라서 자연을 아름답다고 표현하는 것이다.

사람의 취향에 따라서 입는 옷도 다르다. 비싼 옷을 입어도 어울리지 않는 사람이 있고 싼 옷을 걸치기만 해도 아름답게 보이는 사람이 있다. 무엇이 아름답게 보이는 것일까? 바로 '균형'이다. 몸매가 아름다운 것은 신체적 균형이 조화를 이루기 때문이다.

비싼 옷을 입어도 아름답게 보이지 않는 이유는 무엇일까? 신체적 조건에 입은 옷이 조화를 이루지 못하기 때문이다. 신체적 조건은 피부색과 신체 규격, 머리에서 발끝까지의 균형을 말한다. 자신의 신체적 조건에 맞지 않는 옷을 입으면 남의 옷을 빌려 입은 것처럼 보인다. 때로는 바보스럽고 우스꽝스러운 모양으로 비춰지기도 한다.

“어쩌면 재미있는 말이 술술 나와요?”

두 명 이상이 모이면 분위기를 압도하는 사람이 있다. 대중의 관심을 집중시키는 유머러스한 말을 하는 사람이다. 유머러스한 단어를 암기한다고 분위기를 이끌어 가지는 못한다. 분위기에 알맞은 유머를 순간적으로 떠올려 적절한 억양으로 말해야 하기 때문이다.

말에도 코디가 있다. 자신에게 어울리는 단어를 조합하여 제시하는 능력이다. 유식한 흉내를 내는 것은 어울리지 않는 비싼 옷을 입은 사람과도 같다.

“어떻게 하면 재미있게 말할 수 있죠?”

많이 알고 있는 것과 재미있게 이야기를 주도하는 것과는 다르다. 지식은 시험 문제를 푸는 능력이지만, 대화의 지능은 순발력이다.

소통의 조건은 무엇인가?

소통이란, 코디를 잘하듯 자신의 신체적 조건에 적합한 옷을 선택하고 분위기에 적합한 화장을 하는 것이다. 상대가 이해하지 못하는 단어를 사용하거나 상대의 기분을 이해하지 못하는 말을 하는 것은 소통의 조건을 모르기 때문이다. 소통은 상대적이기 때문에 대화 분위기를 파악하는 습관이 중요하다.

“분위기 좀 파악해라!”

초상집에서 노래를 하거나 잔칫집에서 우는 사람은 분위기를 파악하지 못하는 사람이다. 화가 난 사람에게 화를 더 나게 만드는 사람도 상대방의 입장을 파악하지 못한 사람, 그야말로 소통의 조건을 모르는 사람이다.

"너는 눈치가 없는 거냐? 아니면 천치머저리냐?"

상대를 의식하지 않고 자신의 마음대로 말을 하거나 행동하는 사람을 지칭하는 말이다. 상대적 관계는 자신보다 상대 입장을 이해하는 자세가 중요하다. 대인관계를 일컬어 '상대적 관계'라고 하는 이유이다.

관계를 이끌어 가는 기술은 무엇일까?

유머감각으로 분위기를 집중시키듯이 부담 없이 자연스럽게 이야기를 이끌어 가는 방법은 생활 속의 이야기를 하는 것이다. 하나의 공간에서 생활하면서 서로 느끼는 감정이 같기 때문에 관심을 집중시키기 쉽다. 따라서 관계의 기술은 생활 방법이다. 가장 평범한 소재는 누구에게나 관심을 가지게 만드는 요소이기 때문이다.

관계는 다리와도 같다. 양쪽을 이어 주는 다리는 단순하다. 두 지역을 이어 주기만 하면 된다. 다리가 없으면 돌아가거나 배를 이용해야 한다. 이처럼 다리는 돌아가는 시간을 절약시켜 주고 배를 이용해야 하는 불편함을 해소해 주는 역할만을 담당한다. 관심은 대화의 다리와도 같다. 서로가 공감하기 때문에 집중하게 된다.

멘토링은 어떤 관계를 말하는가?

조직은 멘토링 관계로 이뤄져 있다. 상사와 부하라는 관계에서 상사는 부하보다 많은 경험을 가진 사람이다. 먼저 배웠고 경험과 체험을 통해 무엇이 합리적인가의 결과에 대한 정보를 알고 있는 사람이다. 따라서 부하가 어떤 행동을 한다면 어떤 결과가 나타날 것인가를 파악하고 예방하는 방법을 아는 사람이다.

"이 대리, 그렇게 하면 안 되지?"

사전에 경고를 하거나 때로는 방향을 제시해 주기도 한다.

"이 대리, 이런 방법으로 해 봐."

상사의 지시나 명령대로 하는 직원보다는 상사와 대화를 통해 스스로 업무를 추진하는 직원이 창의적 사원이다.

"과장님, 이런 방법은 어떻게 생각하세요?"

일방적인 지시나 명령에 의존하는 사원보다는 스스로 파악하여 생각한 자료를 바탕으로 선배의 경험에 의존하는 사원이 시대의 흐름에 필요한 생각과 행동으로 아이디어를 창출한다.

"말씀하신 대로 했는데 안 되는 이유를 모르겠습니다."

처음부터 끝까지 상사에게 의존하는 사원은 스스로 생각하지 않고 모든 책임을 상사에게 미루는 사원이다. 이런 사원은 조직에서 살아가기 어렵다. 어렵게 들어간 직장에서 쫓겨나는 사원은 지시와 명령에만 행동하는 사원으로, 소통하지 않는 사원이다.

"부장님, 이런 방법을 어떻게 보십니까?"

자신의 생각이나 의견을 끊임없이 제안하고 토론에서 발표하는 사원이 조직에서 소통하는 사원이다.

멘토링은 평소의 관계부터 이뤄진다

"부장님, 존경합니다."

상사는 직원에게 멘토이다. 대리에게 부장은 조직에서 영원한 멘토이다. 대리와 과장, 부장 등의 조직원들이 서로를 이해하고 신뢰하는 마음이 깊어야 조직의 경쟁력이 높아진다. 이것이 조직의 멘토링 관계이다.

조직에서 멘토링 관계는 중요하다. 멘토는 상사만이 하는 것이 아니라 동료 간에도 문제에 따라서 서로가 멘토와 멘티가 될 수 있다. 조직은 신뢰를 바탕으로 경쟁력을 창출한다. 상사와 직원, 동료 간의 신뢰감이 멘토와 멘티 관계로 경쟁력을 창출하는 것이다.

"김 대리가 한 것이면 믿어도 되는 거지?"

신뢰는 평소 서로의 대화에서 형성된다. 따라서 상사는 직원에게 믿음을 주는 행동과 말을 해야 한다. 말에 대한 믿음이 없다면 행동조차 믿지 않게 되기 때문이다.

"예, 김 대리님이 철저히 검토했습니다."

동료 간에 서로를 믿어 주는 것도 평소 대화에서 시작된다.

"오 대리도 함께 검토했지?"

부장은 직원들의 결속을 강조하고 서로를 멘토와 멘티로 만드는 노력이 필요하다. 조직에서 멘토링 관계는 조직원 간의 믿음을 만들게 하고 서로 협력하게 만든다. 경쟁 관계에서 협력 관계로 만드는 것이 멘토링 관계이다.

조직원이 부장을 믿고 신뢰하게 만들기 위해서는 조직원이 스스로 믿고 의지하게 만드는 것이 필요하다. 상사는 업무적 관계에서 인간적 관계로 업무와 관계없는 일상적인 문제에서 직원의 멘토가 되어 줄 때, 비로소 업무와 연계되어 믿음을 형성하게 된다.

소통, 상대방의 인정

이대리가 박 부장을 설득하는 방법은 단순했다. 먼저 박 부장의 입장을 적극적으로 양호한다.

"부장님 말이 맞아요, 내가 그 입장이면 더했을 것입니다."

상대의 마음을 가라앉히는 방법은 당사자보다 더욱 흥분하는 것이다. 어느 정도 자신의 마음을 이해해 준다고 생각하면 흥분이 가라앉게 된다.

"그렇다니까요?"

"나쁜 놈이네."

자신의 생각과 합당한 방법으로 옹호하는 사람이 있으면 흥분한 마음이 진정되는 것은, 흥분된 마음이 소통되기 때문이다. 나는 화가 나는데 아무도 인정하지 않으면 더욱 흥분하게 된다. 때로는 맞지 않는 이유에도 상대가 동조하면 오히려 흥분하는 경우가 있다. 그런 사람도 시간이 흐르면 흥분을 스스로 자제한다. 소통은 진정의 효과가 있다.

"맞습니다, 맞고요!"

한동안 유행했던 말이지만 상대 생각을 인정하는 것이 대인관계에서 얼마나 중요한가를 보여 주는 유행어이었다. 이처럼 소통은 상대의 인정이다.

상대의 생각과 행동의 정당성을 인정해 주는 것은 소통의 방법이다. 멘토는 멘티의 입장을 이해하고 대화를 나눈다. 멘티를 이해하지 못하면 멘토링은 실패한다. 따라서 아무나 멘토링을 하는 것은 아니다.

공감대를 형성하는 멘토링의 기술

"선생님, 억울합니다."

상담소에 찾아온 청년은 화를 참지 못하고 처음 만난 상담자에게 하소연을 한다. 이런 경우, 상담자는 화가 풀릴 때까지를 기다리며 상대의 이야기를 듣는다.

"정말 화가 나셨겠습니다."

끝까지 듣고 난 뒤에 동의하는 말을 하면 화를 냈던 사람이 미안

함에 상대방의 이야기를 경청한다.

"화가 나셨겠지만 이런 부분은 서로의 오해로 발생했군요."

상담사의 해결책에 귀를 기울이게 된다.

"선생님, 그럼 어떻게 하면 되겠습니까?"

동의하는 사람에게 자연스럽게 의지하면서 멘토의 역할이 발생한다.

"이렇게 하면 어떻겠습니까?"

조금 전까지만 해도 상대 이야기에 전혀 관심을 보이지 않고 흥분했던 사람이 차분하게 멘토의 이야기에 집중하게 된다. 이처럼 멘토링은 상관관계를 이끌어 가는 교류의 기술이다. 어느 한쪽만의 생각에 치우치는 것이 아니라, 서로의 생각을 교류함으로 공감대를 형성해야 한다.

소통은 합의를 이끌어 가는 방법이고, 멘토링은 합의를 만들어 가는 관계 형성이다. 서로 다른 생각을 가진 사람이 모여서 멘토링을 할 경우 결과를 얻지 못하는 이유가 공감대 형성이 어렵기 때문이다.

서로 다른 생각을 하나의 생각으로 만들어 가는 기술이 소통이다. 멘토링은 전문성이나 정보성을 필요한 사람에게 제공하는 교류 공간이다. 정보와 경험을 가진 사람과 정보와 경험이 필요한 사람이 서로 공감하여 서로에게 이익을 창출시키기 위한 만남에서 멘토링의 효과가 나타난다.

제공자는 받는 자의 입장이나 자세를 관찰하고 분석하여 제공하는 정보와 경험이 효과가 나타나도록 유도하는 의무가 있다. 받고자 하는 사람의 자세가 준비되어 있지 않았다면 멘토링은 진행되지 못한다.

야구에서 투수와 포수의 관계는 멘토와 멘티 관계이다. 서로 사인을 주고받으면 타자에 따라서 매번 작전을 수립한다. 원만한 작전을 위해서는 평소 훈련을 통해서 투수와 포수는 서로의 생각을 전달하는 훈련이 필요하다. 이때 코치는 투수와 포수 관계를 이어주는 멘토가 된다.

"멘토가 되어 주세요."

역사적으로 성공 자에게는 유능한 멘토가 있었다. 어떤 멘토를 가졌는가에 따라서 시대의 인물이 되었다. 이를 '책사'라고 부른다. 지금도 정치인이나 성공한 자에게는 책사가 있다. 책사는 필요에 따라서 멘티를 선택하기도 한다. 때에 따라 적이 되기도 하고 아군이 되기도 하는 것이 책사이다.

유능한 멘토는 어떤 사람일까?

정보와 지식, 풍부한 경험을 가지고 있다고 해서 모두가 유능한 멘토가 되는 것은 아니다.

"이제 내가 너에게 가르칠 것이 없으니 떠나거라."

기술이나 도술을 가르치던 스승이 제자에게 떠나라고 하는 말은 멘토의 역할이 끝났다는 선언이다.

왕은 왕자에게 멘토의 스승을 선택하여 올바른 지식과 판단력 등을 가르쳐 왔다. 왕이 멘토를 선택했던 기준은 정의에 의한 가르침의 능력이었다. 정파의 갈등과는 관계없이 후대를 이끌어 갈 능력을 가르치는 데 목적을 두고 스승을 선택했다.

책사는 꾀를 가진 사람이다. 때로는 잔꾀로 상대를 대결하는 지혜로 나타나기도 한다. 이러한 꾀는 상대적으로 만들어진다. 지식과 경험에 의하여 상대적 분석을 통해 꾀를 만들어 내는 것이다. 진정한 책사는 꾀를 만드는 것보다 정의를 제시한다. 만인을 위해 어떤 방향과 방법이 올바른가를 판단하여 시대를 이끌어 가는 멘토가 된다.

고려시대와 조선시대를 이어 간 정도전은 유능한 책사이었다. 고려 말기에서 조선 건국까지 자신의 사상을 이해한 무리에게 멘토의 역할을 했다.

싸움을 이기려 하지 말고 즐겨라

히딩크를 비롯하여 경기 경험이 많은 멘토들은 경기에 임하는 선수들에게 이기려 하지 말고 즐기라는 말을 자주 한다. 경기는 이기는 게 목적인데 즐기라는 이야기는 무엇을 의미하는가?

이기려고 한다면 긴장하게 되어 상대를 정확하게 판단하지 못하는 경우가 발생한다. 즐기는 사람은 분위기를 파악하고 즐기기 위한 수단을 찾기 때문이다. 상대의 약점이나 취약점을 파악하여 상대가 원하는 방향으로 이끌어 가는 방법을 찾는 방법이 즐기는 것이다.

게임을 즐기기 위해서는 상대를 파악해야 한다. 오늘은 어느 선수 컨디션이 좋은가? 경기장 분위기는 어떠한가? 어느 선수가 취약한가? 상대팀에 대한 정확한 분석을 해야 공격하는 방법을 찾아 즐길 수 있다.

"강 선수가 오늘은 컨디션이 안 좋아 보입니다."

아나운서는 선수들의 컨디션을 파악하여 중개한다. 시청자나 관람객은 아나운서의 중개 내용을 보고 경기를 즐기게 된다.

"최 선수, 평소와 다르게 펄펄 날고 있습니다."

청중의 관심이 최 선수에게 집중되어 관람하게 된다. 이렇듯 게임은 즐기는 선수에게 청중의 관심이 집중되고 결정적 순간도 즐기는 선수가 기회를 얻어 성공한다.

"오늘의 경기 흐름은 최 선수 팀으로 가는 것 같습니다."

약체 팀으로 생각했던 팀이 강팀으로 변신하는 것은 분위기 조성이고 팀원 간의 소통 덕분이다. 게임은 그날의 분위기에 따라 결정된다. 홈경기를 좋아하는 이유는 홈팀의 응원을 받기 때문이다.

교육의 멘토, 강사

"오늘은 안 풀린다."

긴장하면 경직되어 몸이 무거워지고 피곤이 빠르게 다가온다.

멘토는 멘티가 보지 못한 것을 보고 정보를 제공한다. 멘티가 어떤 상황인가를 파악하고 멘티에게 필요한 정보를 적절하게 제공하는 것이 멘토의 역할이다.

필자는 교육장에 들어가면 교육생의 분위기를 파악한다. 오늘은 어떤 방향으로 교육생을 집중시킬 것인가? 첫 번째로 교육생의 나이를 파악한 후, 두 번째로 교육생의 성별을 파악한다. 그리고 마지막으로 교육생의 수준을 파악한다. 이 세 가지를 파악하면 어떤 내용을 교육을 진행할 것인가를 파악할 수 있기 때문에 재미있는 교육을 할 수 있다.

교육 경험이란 교육생을 파악하는 능력을 가진 강사이다. 강의 경험이란 교육생의 욕구(Needs)를 정확하게 파악하는 능력과 풍부한 정보 자료이다. 강사는 교육의 멘토이다. 정보와 경험으로 교육생을 압도하려고 생각하면 교육생은 어렵다고 생각하여 교육에 흥미를 느끼지 못한다. 자신의 지식과 경험을 나눠 준다는 즐기는 방법이 교육생에게 흥미를 자극시켜 적극적으로 교육에 참여하게 만든다. 강사는 교육생에게 즐기는 방법을 제시하는 멘토가 되어야 한다.

소통의 핵심은 상대에게 필요한 정보를 제공하거나 문제점을 공유하며 해결하는 능력이다. 멘토나 교육자는 멘티나 교육생의 욕구(Needs)를 정확하게 파악하여 적절하게 제공하는 역할을 해야 한다. 물을 담은 그릇에 따라서 물의 양을 조절해야 한다. 일정하게

1L를 공평하게 나눈다는 조건에 따라 준다면 그릇이 크거나 작은 사람에게는 부족하거나 담을 용량이 되지 못하여 넘치게 된다. 이처럼 소통을 위해서는 적절한 용량을 측정하는 기술이 필요하다.

사람을 판단하는 능력

"사람 볼 줄 아네?"

자신을 인정해 주거나 정확하게 상대의 능력이나 성격 등을 파악하는 사람을 지칭하는 말이다. 멘토는 사람을 판단하는 능력을 지니고 있다.

2002년 세계 명장 히딩크는 15개월 동안 '5:0 감독'이라는 별명을 들었다. 그는 주변의 이러한 평가에 아무런 신경을 쓰지 않았다. 15개월 동안 그에게 급선무는 한국 선수 중에서 세계적인 선수들과 싸울 능력이 있는 선수를 찾는 것이었다.

히딩크는 한국 축구 감독을 승인하는 조건으로 선수 전체를 자신이 선발하겠다고 했다. 당시 한국 축구협회는 이 문제로 히딩크를 영입할 것인가에 대한 찬반 의견이 팽배했다. 전통적으로 선수선발권을 협회가 가지고 있었기 때문이었다.

히딩크는 한국의 문제점을 잘 파악하고 있었던 것이다. 협회가 선수선발권을 쥐고 막대한 영향력을 발휘하기 때문에 이를 바꾸지 못하면 게임에 필요한 선수를 선발할 수 없기 때문이었다.

축구전략가이고 선수를 키우는 전문가의 입장에서 능력이 준비되지 못한 선수로 게임을 이길 수 없기 때문에 히딩크는 자신에게 필요한 선수를 선발하는 데 상당한 준비 기간을 소비했다. 결과는 히딩크의 판단이 적중했다. 한국은 히딩크로 인해 축구 역사를 새롭게 썼다. 축구 2진이었던 한국이 4강의 업적을 기록했던 것이다.

히딩크의 풍부한 지식과 경험이 한국 축구의 신화를 만들었던 비결에는 선수들이 그를 믿고 의지하며 강한 훈련을 통과했던 데 있다.

"게임을 이기려 하지 말고 즐겨라."

"속전속결의 멀티플레이를 하라."

히딩크의 주문은 많은 훈련을 통한 체력 보강으로 선수들이 단합하는 정신력을 강조했다. 자신보다 강한 선수들을 대상으로 긴장하지 말고 즐기면서 게임을 풀어 가라는 멘토의 지혜였다.

멘토의 사전적 의미는 다음과 같다. '경험과 지식이 풍부한 사람이 상담자에게 지도와 조언을 하면서 실력과 잠재력을 개발'시키는 것. 히딩크의 전략과 훈련은 사전적 의미를 그대로 실천한 사례이다.

멘토와 멘티 관계

멘토와 멘티 관계는 일상생활에서 빈번한 관계이다. 스승과 제자의 관계, 안내자와 여행자의 관계, 기술자와 사용자의 관계 등 다양하게 발생한다.

갑과 을의 관계는 수직관계이다. 멘토와 멘티의 관계는 수직에서 수평적 관계가 될 때 효과가 증가한다. 수평적 관계는 대등한 관계가 아니라 상호관계이다.

시소는 균형이다. 같은 조건일 때 시소는 작동한다. 지나치게 한쪽이 무겁거나 가벼우면 동작하기 어렵다. 비등한 조건에서 한쪽이 힘을 빼면 다른 쪽이 반사적으로 작동하는 것이 시소의 작동 원리이다. 가진 자가 지나치게 갑의 입장을 주장하면 상대는 작동하지 못하는 것이다.

유능한 멘토는 멘티가 작동하도록 유도하는 능력을 가지고 있다. 어느 순간에 힘을 조절하여 작동하게 만드는가에 대한 경험적 판단력을 갖고 있다. 어떤 말이 필요한지 생각하고 상황에 필요한 조언을 하는 능력자야말로 유능한 멘토라 할 수 있다.

"엄마, 이것도 줘요?"

지나치게 욕심이 많은 아이는 손에 쥐고도 또다시 다른 것을 달라고 한다. 이미 한손에 쥐고 있는데 또 다른 것을 줄 수는 없다. 그럼에도 새로운 것을 가지려는 욕심이 한 가지도 오래도록 간직하지 못하는 어리석은 행동을 반복하게 만든다.

공부를 '잘한다' 혹은 '못한다'의 차이는 이해도의 차이이다. 이해를 하려면 정확하게 파악이 되어야 한다. 잘 모르겠다는 것은 이해하는 방법이나 시간이 부족함을 의미한다. 손에 쥐고 있는 물건을 다른 곳에 놓지 못하거나 안 하는 아이가 다른 것을 달라고 주문하는 행동과도 같다.

계단을 뛰어서 올라가는 사람과 한 계단씩 꾸준히 올라가는 사람과의 경쟁에서 승리자는 누구일까? 토끼와 거북이 경주에서 승자는 느리지만 거북이였다.

요즈음은 속전속결의 시대이다. 거북이처럼 기어가다가는 모든 기회를 상대에게 빼앗기는 시대이다. 그럼에도 거북이처럼 꾸준히 기어가는 것이 필요한 이유는 무엇일까?

우리는 한 계단씩 올라가는 사람과 거북이처럼 쉬지 않고 기어가는 사람이 성공률이 높다는 것을 알고 있다. 성공은 지속적으로 노력한 사람만이 얻는 결과라는 것이다. 한두 번에 쉽게 성공하는 경우는 극히 드물다.

인정하고 받아들이는 자세

멘토를 성공자로 구분한다면 멘티는 멘토의 모든 정보를 받을 준비가 되어 있어야 한다. 멘토는 한 번에 모든 것을 주지 않는다. 과정에 따라 필요한 것을 제공하기 때문이다.

멘토와 멘티는 관계라고 했다. 관계는 다양한 교류이고 거래이다. 주고받는 것이 거래라고 했다. 받고 주는 관계는 지속적인 관계를 이끌어 가지 못한다. 상대가 무엇을 줄 것인가를 생각하는 사람은 상대가 무엇을 원하고 있는가에 대한 관심이 없기 때문에 일방적인 거래를 한다.

물건을 잘 사는 사람들에게는 판매자의 마음을 판단하는 습관이 있다. 표정이 밝은 판매자에게 칭찬을 하는 것은 거래의 수단이다.

"색상이 좋아요?"

"맛있어 보이네요."

물건을 칭찬하면 주인의 마음도 즐겁다. 누군가에게 인정받는 것은 본능적인 반응이다. 요리사는 자신이 만든 음식을 맛있게 먹어 주는 사람에게 감사해하고, 물건을 만든 사람은 사용자가 편리하고 유익하게 사용하는 것에 대해 감사해한다.

질 좋고 싸게 물건을 사는 방법은 판매자를 칭찬하고 상품의 가치를 인정하는 구매자의 자세이다. 정확하게 정보는 수집하고 분석하려면 교육자의 말을 인정하고 받아들이는 자세가 중요하다.

"저 말이 맞나?"

상대를 의심하면 정보는 입력되지 못한다.

"맞아, 내 생각도 같았어."

상대를 인정할 때 정확하게 정보가 입력되어 자기 것으로 만들 수 있다.

공부를 잘하는 학생은 선생님의 이야기에 집중한다

멘티는 멘토의 가치를 파악하고 인정하고 집중하는 자세가 중요하다. 앞서 포수와 투수 관계에서 믿음의 중요성을 강조했다. 멘토와 멘티 관계는 상호적인 관계이다. 때로는 투수가 되고 때로는 포수가 되기도 한다.

투수와 포수의 입장을 판단하는 것은 멘토이다. 그럼에도 멘티가 결정하려고 하는 경우가 있다. 이런 경우는 대개가 실패하고 만다.

"건방지게….."

"그래, 너 잘났으니 혼자 해 봐라."

멘티가 멘토 입장에서 판단하려고 할 때, 멘토의 역할을 거부하게 된다. 지혜로운 사람은 멘토를 존중하고 따르는 사람이다. 성격이 급하거나 잘난 체하는 것을 좋아하는 사람이 상대를 무시하거나 앞서가는 실수를 범하는 경우가 많다.

코끼리는 사막에서 다른 동물들의 멘토이다. 물 냄새를 맡고 물이 어디에 있는지를 알아내는 코끼리의 능력은 오랜 경험에 의한 능력이다. 사막에서 물은 중요하다. 코끼리는 사막에서 물이 어디에 있는지를 정확하게 알고 모래를 파내어 물을 찾아낸다. 코끼리를 쫓아다니는 여러 가지 동물은 코끼리가 마시고 난 나머지 물을 먹기 위해 쫓아다닌다.

"싹이 나왔네."

"어제보다 더 자랐네."

씨를 뿌리고 싹이 자라는 환경을 만들어 주는 것은 멘토이다. 부모는 자녀의 영원한 멘토이다. 성장 환경을 만들어 주고 좋은 환경에서 성장하는 방법을 제시하는 역할이다. 부모가 나이가 들면 판단력이 떨어지듯이 멘토도 같다. 성숙한 자녀가 늙은 부모를 공경하는 것은 올바른 멘티의 자세이다.

늙은 여우는 지혜롭다. 풍부한 경험이 올바른 판단을 하고 상황에 대처하는 능력이 뛰어나기 때문이다. 따라서 지혜로운 멘티는 이러한 멘토를 오래도록 모시는 경향이 있다.

실패는 성공의 첫걸음

실패의 경험이 실패를 대비하거나 예방하는 지혜가 된다. 멘토의 실패 경험은 멘티에게 시간이나 비용을 절감시키는 비결이다. 자신의 경험담이 자녀에게는 성공을 위한 방법이 된다.

"미리 이야기해 주었으면 좋았는데….."

어떻게 될 것이라는 경험적 이야기가 실패를 예방할 수 있었다는 원망적인 이야기이다.

"정작 이야기를 들을걸!"

멘토의 자문을 무시한 후에 후회하는 말이다. 물은 물길에 따라 흘러간다. 경험이 없는 멘티는 물이 어디로 흘러가는지를 알지 못하지만, 전체를 보는 멘토는 물길을 알거나 예측하고 물길을 가르쳐 준다.

멘토의 의미

오디세우스가 트로이 전쟁에 출정하면서 집안일과 아들 텔레마코스의 교육을 친구인 멘토에게 부탁했다. 오디세우스가 전쟁에서 돌아오기까지 무려 10여 년 동안 멘토는 왕자의 친구, 선생, 상담자, 때로는 아버지가 되어 돌보아 주었다. 이후로 멘토라는 그의 이름은 지혜와 신뢰로 한 사람의 인생을 이끌어 주는 지도자의 동의어로 사용되었다.

들에 피는 장미보다 정원에서 가꾸어 키우는 장미가 더 아름답고 향기로운 이유는 무엇일까? 정성을 다해 정원사가 물을 주고 다듬어 주었기 때문이다. 장미에게 정원사는 멘토이다. 스스로 물을 끌어 오지 못하고 장미 줄기에 기생하는 벌레를 제거하지 못하는 장미에게 정원사가 정성으로 물을 주고 벌레를 잡아 주었기 때문에 영양분을 공급받은 장미가 싱싱하게 성장하고 짙은 향기를 만들어 낼 수 있는 것이다.

"가꾸어라!"

손질하고 보살피는 것, 몸을 만지거나 가꾸는 것, 좋은 상태로 만들어 가는 것 등을 의미하는 말이다. 멘토의 역할이다. 멘토는 멘티를 대상으로 손질하거나 보살피는 역할이다. 어떻게 옷을 입어야 하는가의 방법을 제시하고 입은 옷의 상태를 점검해 주고 잘못된 부분을 고쳐 주는 역할을 해야 한다. 가꾼다는 것은 주어진 사물이나 동·식물을 관리하는 것으로, 주어진 여건을 최대한 활용하는 기술을 의미하며 전문적 분야이기도 하다.

최고의 리더는 사람의 마음을 움직인다

성공하는 조직의 5가지 기본 소통법

"박 대리는 어떻게 생각하지?"

"과장님 의견과 같습니다."

조직에서 대화는 필수 조건이다. 서로 무엇을 어떻게 생각하고 있는가를 파악하는 것은 공생공존의 방법이다. 상대의 생각과 자신의 생각의 차이점을 찾아내어 문제를 해결해야 함께 존재할 수 있기 때문이다. 상대가 무엇을 어떻게 생각하고 있는가를 알아내는 첫 번째 과정이 대화이다.

"이번 토요일 캠핑가려고 하는데 어때?"

가족 간의 대화는 일방적 지시와 다르다. 자녀에게도 일상의 계획이 있다. 부모 마음대로 일정을 정하고 따라오라는 방식은 가족의 친목을 깨트리기 때문에 좋은 일도 사전에 대화로 서로의 생각이나 입장을 교류하는 것이 필요하다.

"어디로 가면 좋을까?"

가족회의로 결정된 여행은 다녀와도 즐겁지만, 일방적으로 결정된 여행 중에 불만이 발생하면 돈은 돈대로 쓰고도 좋은 추억이 되지 못한다.

대가족시대에 가족회의는 문중회의가 대표적이다. 일 년에 정해진 날에 문중 사람들이 모여서 문중어른의 생각을 듣고 따라서 순종하는 회의를 말한다. 문중 어른들이 합의한 내용은 절대로 바꿀 수도 없고 바꾼다는 생각조차 할 수 없었다. 잘되든 잘못되든 문중의 결정은 절대적인 권력자와 같았다.

대화나 회의는 쌍방적인 관계로 서로의 생각과 의견을 조절하는 것이지만 문중회의는 어른의 생각을 전달받는 형식이기 때문에 새로운 변화를 만들지 못하고 기존을 유지하는 형식에 불과했다. 문중은 봉건주의이고 폐쇄적이며 권위적인 조직이었다. 정해진 순서에 따라 복종하고 순종하는 것을 요구하는 조직이었다.

조직의 경쟁력은 소통에 있다

"지금부터 5분 스피치를 시작하겠습니다."

매일 출근하면 부서별로 5분 스피치를 시작하는 기업이 증가하고 있다. 전 직원이 순번에 의하여 5분간 업무 계획이나 문제해결 방안 등의 다양한 소재를 주제로 발표를 한다. 10명이 한 부서라면 10일 간격으로 발표를 해야 하는 심리적 부담을 주기도 하지만, 직원들의 불만은 없다.

"제가 맡고 있는 업무의 특성은 이런 문제점이 있습니다."

발표 시간을 통해서 자연스럽게 조직의 문제점을 제시하고 자신의 의견을 제시함으로써 조직원 간의 문제를 사전에 예방하는 기회가 되기도 한다. 상하 간의 조직에서 자신의 의견을 자유롭게 발표하는 5분 스피치는 기회이다. 이처럼 대화와 토론을 통한 발표는 조직소통의 3단계이다.

1단계 대화의 소통

2단계 토론의 소통

3단계 발표의 소통

발표를 통한 소통이 건전한 조직문화를 이끌어 간다. 발표를 하기 위해 대화를 하고 토론을 한다. 조직에서 발표는 중요하다. 발표를 통해 부서 간의 문제점을 찾아내고 교류하여 해결방안이 도출되기 때문이다. 따라서 발표는 소통의 마지막 수단이 되고 있다.

대화의 소통은 부담 없는 이야기를 나눔이다. 문제점에 대한 서로의 생각을 자유롭게 교류하고 문제점을 찾아내어 토론을 한다. 설정된 주제에 대한 서로의 방법을 조절하여 최종적인 해결책을 발표함으로써 조직의 문제점을 해결하는 소통의 방법은 조직 생활의 필수 과정이다.

문제점을 해결하는 조직 문화와 구조

'대화 → 토론 → 발표'의 3단계 과정에 의하여 조직은 경쟁력을 창출한다. 조직은 다양한 성격과 능력, 습관과 경험, 나이 차이 등으로 구성되어 있기 때문에 대화와 토론을 거쳐서 조직 내 문제 해결방안을 제시하게 된다.

"아무런 문제가 없어요."

때로는 조직에 아무런 문제가 없다고 항변하는 사람들이 있다. 어떻게 서로 다른 다양한 사람들로 구성되어 있는데 문제점이 없을 수 있는가?

조직은 문제점을 전제로 구성되기 때문에 문제점을 해결하는 조직 문화와 구조가 필요하다. 요즈음 젊은 세대에 적합한 조직은 문화 공간을 확산하고 있다. 다양한 문화 활동을 통하여 소통하는 공간을 제공하기 위함이다.

소통하는 공간은 조직 활성화 공간으로 확산되고 있다. 사내 카

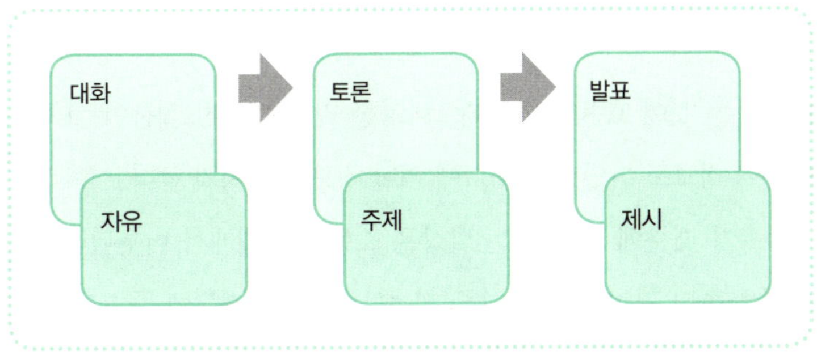

폐나 휴식 공간은 소통 공간으로 활용되고 있다. 다양한 문화시설도 소통공간으로 활용된다. 체육시설이나 음악 감상, 도서실 등은 사내 소통 공간이다. 취미와 특성을 개발하거나 즐기는 동아리 등을 사내와 사외의 소통 공간으로 확산되고 있다.

기업의 소통 공간은 경쟁력을 창출하는 아이디어 창고가 되기도 한다. 기업문화시설활동을 통하여 자연스럽게 주고받는 소통 정보가 부서의 경쟁력이 되기도 하고 기업의 경쟁력을 창출시키는 원동력이 되기도 한다.

조직의 소통은 빅데이터이다

한 사람의 생각보다 다수의 다양한 생각이 아이디어로 창출될 가능성이 높다. 정보화 시대에서 데이터는 생명이고, 데이터를 공유하는 첫 번째 수단이 소통이다. 자연스러운 교류를 하면서 수많은 데이터를 주고받는다.

부서별로 관찰하고 분석한 데이터는 서로 다르기 때문에 중요한 자료가 된다. 하나의 방법으로 해결하는 것보다 다양한 방법으로 해결하는 것이 효율성이 높다. 다양한 기능을 가진 제품이 가치가 높듯이 정보도 다양한 데이터에 의한 정보가 가치가 높다.

다르기 때문에 안 된다는 발상은 소통의 부재에서 비롯된다. 차별성은 틀린 것이 아니라 다른 점이다. 다르기 때문에 차별성이 있다는 발상이 조직문화에 필요한 사원이다. 차별성은 소통으로 비교된다.

빅데이터는 교류를 통해 증가한다. 서로 다른 정보를 교류하면서 새로운 데이터가 생성된다. 각기 다른 데이터는 교류를 통해 융합되기 때문이다. 하나의 정보는 두 개의 정보와 융합되면서 새로운 정보로 가공되는 것이다.

이를테면 씨앗을 만드는 사람과 씨를 뿌려 농사를 짓는 사람이 서로의 정보를 공유하면 좋은 씨앗으로 많은 수확을 얻는 방법을 얻게 되는 것과 같다. 하나의 기술은 서로 다른 기술과 융합되어 새로운 기술이 되는 것이다. 따라서 빅데이터는 융합을 통해 새로운 정보로 생성된다.

서로 다른 부서에서 보유하고 있는 정보가 교류되면서 조직에 필요한 정보가 되고 있다. 생산부서와 관리부서, 유통부서 등이 서로의 업무만을 추구하던 시대에서 생산, 관리, 유통부서가 서로의 문제점을 공유하면서 생산성을 높이고 관리와 유통을 효율성을 높이고 있는 것이다.

기업교육에서 서로 다른 부서가 정보를 공유하는 교육으로 기업의 생산성과 업무적 효율성, 유통 및 관리의 효율성 등을 높이고 있다. 서로 다른 부서가 영역을 구분하던 시대에서 융합하면서 경쟁력을 높이는 시대로 탈바꿈하고 있다.

조직 소통의 시작, 가정

화목한 가정의 조건은 무엇인가? 화목이란 서로의 생각이 맞고 어울리는 것을 의미한다. 서로의 생각이 맞는 것을 '조화'라고 한다. 아름다움은 조화로움이다. 서로 다른 색들이 잘 어울리는 아름다움이다.

이렇게 볼 때 화목한 가정이란, 부모와 자녀 간의 조화로움이다. 서로 다른 색이 함께 존재하는 방법은 서로의 영역을 존중하는 데 있다. 부모는 자녀를 사랑하고 자녀는 부모의 존중하는 가정이 화복한 가정이다. 서로를 인정하는 생각과 행동이 화목한 가정을 만드는 비결이다.

"아버지, 존경합니다."

자녀가 아버지를 존경하지 않는다면 가족 구성이 존재할 수 없다.

"아들, 딸, 사랑한다."

부모는 자녀를 아끼고 보호해 주는 역할을 해야 한다.

"어머니, 고맙습니다."

"항상 조심해서 다녀야 한다."

어머니는 자녀와 아버지 관계를 조정하는 역할을 한다. 서로 다른 색이 함께 공존하여 아름다움을 만들 듯이 부모와 자녀가 서로의 역할을 통해서 화목한 가정이 유지된다.

"가족 의견을 존중해요."

부모가 자녀의 생각을 인정하는 가족에서 성장한 아이들은 건전한 생각을 갖고, 도전적인 개방성이 높다. 부모가 자녀를 인정하 듯이 자녀도 부모의 판단을 인정하기 때문에 개방을 통한 자유로운 발언으로 상대의 생각을 인정하는 습관이 사회생활에서 창의적인 소통으로 인정받는다.

"자녀의 입장을 이해합니다."

부모는 자녀의 입장을 이해하기 때문에 자녀의 생각을 파악하여 문제점을 사전에 예방할 수 있다. 가정은 조직 구성원의 역할과 의 무를 학습 받는 공간이다. 따라서 화목한 가정에서 성장하는 자녀 가 성공률이 높다.

"부모님을 존경합니다."

부모의 입장을 이해하기 때문에 부모를 존경하게 된다.

"부모님이 충분히 고려하여 판단하셨을 것으로 믿습니다."

가족 교육은 사회활동에 절대적인 영향을 준다.

"부장님의 판단을 존중합니다."

부모를 존경하고 대화를 통해 문제를 해결했던 자녀는 직장 생활 에서도 평소 부장과의 많은 대화를 통해 부장의 입장을 이해한다는 표현을 서슴지 않는다. 일반적으로 상사를 존경한다는 표현을 잘하 지 않는다. 존경이란 상대를 이해하고 믿는다는 확신의 표현이다.

화목한 가정에서 습득된 소통의 습관이 추후 조직 생활에서 원만한 대인관계를 이끌어 가는 소통으로 발현된다. 상대를 존중한다는 것은 자신과 다른 상대 의견을 청취하고 상대와 문제점을 해결해 간다는 교류 수단이다. 부모가 자녀를 인정하고 자녀 의견을 청취하고 문제점이 있을 경우 대화를 통해서 풀어 가는 방법을 습득했다면, 사회생활에서 대인관계의 문제점을 대화를 통해서 해결해 갈 수 있기 때문이다.

다양한 구성원으로 만들어진 조직에는 항상 문제점이 존재한다. 문제점을 회피하거나 덮어 가는 조직은 마치 폭약을 지니고 있는 것과 같아서 조직원이 협력하지 못하므로 발전하지 못한다. 대화는 이러한 문제점을 사전에 예방하거나 해결하여 조직의 발전을 촉진시키는 비결이 되고 있다.

"화목한 가정에서 태어났다."

자기소개서에서 가장 많이 사용하는 내용 중에 하나이다. 화목한 가정에서 태어나서 성장했다는 것을 제시하는 이유는 조직 구성원으로 역할과 의무에 대하여 잘 알고 있다는 표현이지만, 정작 이런 문구를 제시하는 것은 단순하게 행복한 가정에서 성장했다는 것을 암시하는 정도이다.

화목은 조직원으로 어떤 역할을 조정자로 했는가에 대한 제시가 중요하다. 어머니는 가정의 화목을 조정하는 역할을 담당하고 있다. 그렇다면 부모와 자녀 간에 대화가 많은 가정과 대화가 부족한 가정의 차이점은 어떤 결과를 만들까?

유교적 전통은 가부장제도에서 자녀는 부모에게 무조건 순종하고 자신의 생각은 어떤 것도 부모에게 먼저 이야기하지 못하는 환경이었다. 부모는 절대적인 존재이면서 지시와 명령을 결정하는 독보적 존재이었다. 따라서 부모는 자신의 생각을 함부로 말하지 않았다. 혹시라도 실수를 하면 가족관계에 상처를 줄 수 있다는 부담으로 반드시 필요한 말만 할 수밖에 없었다. 이렇듯 봉건주의 가부장제도는 가족 간의 대화를 차단시키는 환경이었다.

대화는 필요하지 않는 소재나 주제를 부담 없이 나누는 방법이다.
"생각하고 말해!"

이것은 자유스런 대화가 아니다. 이야기를 진행하면서 다양한 소재를 가지고 서로의 생각을 부담 없이 나누는 것이 일상 대화이다. 말이 많다는 것은 대화 소재나 주제에 대한 관심이 많아 참여한다는 것을 의미한다.

대화는 서로의 생각을 교류하는 수단이지만, 때로는 사전에 소통한 대화를 통하여 문제점을 발견하고 예방할 수 있는 기회를 제공받는다. 부모의 고민을 전달하고 자녀는 필요한 것을 요구하는 소통으로 서로의 문제점을 사전에 예방하고 준비할 수 있는 기회를 만드는 수단이다.

화목한 가정이란 부모와 자녀 간에 벽이 없이 서로의 생각을 교

류하는 가정이다. 물론 벽이 없다고 해서 부모와 자녀 간의 예의나
예절을 무시하는 것은 아니다.

활발한 조직은 토론문화를 가지고 있다. 토론을 잘하는 조직은 조직원들이 토론하는 자세가 준비되어 있기 때문이다. 어떻게 하면 토론으로 소통하는 조직을 만들까?

첫째, 토론에서 발표할 것은 메모하는 자세
둘째, 상대 의견을 존중하여 끝까지 듣는 자세
셋째, 자신에게 주어진 발표 시간에 말하는 자세
넷째, 자신이 생각한 자료를 제시하는 자세
다섯째, 자신의 생각을 구체적으로 제안하는 자세

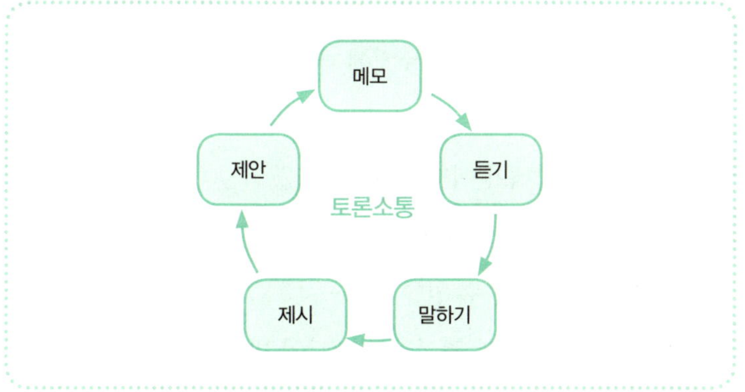

토론은 다수의 서로 다른 생각을 듣고 조절하여 주어진 문제를 해결하는 방법을 찾아내는 과정이다. 일방적인 주장이나 강요에 의한 방법은 토론에서 가장 경계해야 한다.

자신의 생각을 정리하여 메모에 의하여 발표하는 자세가 중요하다. 서로 다른 생각을 하나의 생각으로 만들어 가는 과정에서 상대 의견을 존중하여 자기 생각과 무엇이 어떻게 다른가를 기록된 자료를 통하여 찾는다.

학생들을 대상으로 '집에서 가족회의 경험이 있는가?'에 대해 설문 조사를 했다. 소수이지만 가족회의 경험을 가진 학생이 증가하고 있다. 가족회의 경험이 있는 학생과 없는 학생을 비교해 보면, 회의 경험이 있는 학생들이 의견을 제시하는 능력이 뛰어난 것을 알 수 있다.

"왜, 발표를 하지 않지?"

발표를 잘하고 못하는 차이가 경험의 차이이다. 평소 대화를 많이 하는 학생은 말하는 데 자신감을 가지고 있지만, 필요한 말 이외에 하지 않는 학생은 말하는 것에 대한 두려움을 가지고 있는 경우가 있다.

"이 말을 하면 상대가 어떻게 생각할까?"

자신의 생각에 대한 자신감마저 떨어지고 주눅 든다.

"공연히 놀림을 받을 수 있을 거야….″

상대가 자신을 평가할 것이라는 생각이 반복되면 대화하고 토론하는 것을 두려워한다.

기업은 수많은 토론을 통해 문제를 해결하고 있다. 사회는 토론에 의하여 움직인다. 크고 작은 다양한 토론에 의하여 사회는 구성되어 돌아가고 있다. 토론을 잘하면 사회에서 리더로 부각되는 기회가 많다. 다수의 의견을 모으고 의견을 수렴하여 문제를 해결하는 능력이 리더의 자질로 평가된다.

기업조직은 팀장제도로 확산되고 있다. 팀장은 팀원의 생각을 수렴하여 팀 활동을 이끌어 가는 사람이다. 팀원의 서로 다른 생각을 자극하여 만들어 내는 역할이 팀장의 능력으로 평가받는다. 어떻게 팀원의 생각을 이끌어 낼 것인가? 팀원의 서로 다른 경험과 사고를 자극시키는 방법이 토론이다.

서로 모이면 싸우는 조직이 있고, 서로 모여서 시너지를 창출하는 조직이 있다. 두 조직의 다른 점은 토론에 달려 있다. 팀장이 지나치게 자신의 주장을 내세우면 조직원은 침묵하고 토론을 거부하게 되지만, 토론을 통하여 팀원을 칭찬하고 자극하면 토론에 적극적으로 참여하게 된다.

토론을 잘하는 사람은 누구일까?

흔히, 논술을 잘 쓰려면 비판적 사고를 가지고 있어야 한다고 한다. 토론에서도 상대의 생각에 대해 비판을 잘하는 목소리 큰 사람을 토론을 잘하는 사람이라고 말하기도 한다.

상대를 무시하거나 억압하는 일방적으로 강한 주장이 비판적 사고이고 능력이다. 토론은 서로 주고받는 관계인데 일방적 주장을 한다면 올바른 토론 자세가 아니다. 강하게 비판하는 사람은 토론을 잘하는 것이 아니라, 그저 말싸움을 잘하는 것일 뿐이다.

지나치게 목소리가 큰 것은 상대와 관계를 무시하는 행동이기 때문에 대화가 소통되지 못하고 토론은 진행될 수 없다. 상대 의견을 무시한다면 서로 토론할 이유가 없고, 일방적으로 지시하거나 명령하면 된다. 따라서 비판을 잘하는 것은 토론을 못하는 사람이다.

비판적 사고나 비판적 대화, 토론은 올바른 대화나 토론을 망치는 행동이다. 상대를 비판하는데 참고 기다리는 사람은 없다. 누군가 자신을 공격한다면 당연히 방어를 한다. 상대에게 공격받지 않으려면 필요 없는 이야기를 하지 않게 된다. 상대에게 틈을 주거나 빌미가 되는 말을 하지 않기 때문에 원론적이고 딱딱한 대화를 하게 된다.

원활한 대화는 부담 없이 생각을 나눈다고 했다. 상대가 자신을 비판한다고 판단하면 원활한 대화는 차단되는 것처럼 토론은 상대의 비판에 대비하여 발표 자료를 만든다. 비판에 대비하는 자료는 새로운 아이디어나 문제 해결을 위한 아이디어가 될 수 없다. 결국 비판하는 회의는 창의적인 토론을 가로막는다.

서로의 생각을 비판한다면 새로운 생각을 만들 수 없다. 토론을 통해 문제를 해결하거나 새로운 아이디어를 얻으려면 상대를 인정하고 서로의 생각을 조절하여 문제 해결이나 새로운 아이디어를 창출하는 소통의 토론을 해야만 한다. 잘못된 토론 문화는 바꿔야 한다.

올바른 토론을 위해서

토론에는 주제가 있다. 제시된 주제를 해결하기 위해 토론을 한다. 주어진 주제에 대해서는 사전에 충분히 자료를 조사하여 참여한다. 작업을 하다가 아무런 준비 없이 토론에 참석하는 것은 토론을 하기 위한 자세가 아니다. 토론에 참석하려면 자신의 생각을 정리하고 필요한 정보를 수집·분석하여 발표할 것을 준비해야 한다.

토론을 정기적인 행사처럼 생각하는 사원은 토론에 참석할 자격이 없다. 많은 기업 현장에서 참석하기 위한 토론으로 잘못 생각하는 경향이 높은 모습을 쉽게 볼 수 있다. 상사의 지시에 의하여 참가하는 모습을 보면 토론이 될까 걱정이 된다.

아침 출근과 동시에 토론을 하거나 퇴근을 마무리하기 위해 토론을 하는 경우가 많다. 이러한 토론은 의식적 토론으로 실질적 토론의 결과를 얻기 어렵다. 따라서 토론을 정신교육을 위한 모임으로 생각한다면 잘못된 토론문화이다.

올바른 토론을 위해서는 사전에 토론 주제를 공지해야 한다. 토론에 참가할 회원들에게 사전에 준비할 시간을 제공해야 한다. 게

시판을 통해 토론 주제를 공고하는 것은 토론에 참여하는 사람과 주변에 관심 있는 사람들에게 토론의 정보를 제공하는 방법이 되고 있다.

토론은 공개적이어야 한다. 특별한 내용일 때는 비공개로 진행되지만, 일반적인 토론은 공개적으로 진행하는 것이 토론의 효능을 높일 수 있다. 토론은 반드시 토론을 통해서 결과를 얻는 것뿐만이 아니라, 토론을 진행하는 과정을 통해 보이지 않는 결과를 얻는 경우도 많이 발생한다. 이를테면 지금 어떤 문제가 발생했고 어떻게 진행되고 있는가를 주변 사람들에게 간접적으로 소개함으로써 조직 전체에 관심을 자극시켜 토론의 효과를 얻는 경우이다.

인터넷 공간을 통한 사전 토론

요즈음은 SNS이 발달되어 팀이 만든 인터넷 공간에서 사전에 많은 정보를 교류하고 있다. 게시판에 공고하는 것보다 SNS을 통해서 주제를 공지하는 방법이 효과적이다. 카페, 페이스북, 밴드 등이 SNS에서 정보를 교류하는 마당이다.

실시간으로 서로의 정보를 사전에 공유하면서 토론의 시간이나 공간적 문제를 해결하는 방법이 증가하고 있다. 인터넷을 통한 사전 정보 교류는 상대를 의식하지 않고 자유롭게 자신의 생각을 제안할 수 있다. 따라서 무책임한 제안은 서로가 피해야 한다.

토론은 문제 해결이나 새로운 아이디어를 얻기 위해 서로의 경험과 지식, 정보를 나누어 시너지 효과를 내기 위한 융합 마당이다. 융합의 조건은 벽이 없이 서로의 공통점이나 장점을 연계하여 시너지를 창출하는 것이다.

토론에서 무엇을 얼마나 어떻게 말할 것인가?

토론에서 말할 것을 사전에 기록하여야 한다. 토론에서 제안을 하거나 발표를 할 때는 사전에 내용을 정리하는 습관이 중요하다. 메모되지 않는 내용을 즉흥적으로 제안하거나 발표하다가는 실수를 할 수 있다. 사전에 기록된 자료를 바탕으로 제안하고 발표하면서 상대 의견을 비교하는 자세가 올바른 토론 방식이다.

한국인은 토론에 미숙하다. 과거 서당의 문답교육은 토론식이었다. 사전에 준비하여 스승의 질문이나 과제를 풀어 가며 서로의 생각을 교류했던 교육이 암기력을 평가하는 입시제도로 인하여 토론교육이 사라졌다. 문답교육은 다양한 해답을 제시하는 교육 방식이었다. 사전에 충분히 준비하지 못하면 올바른 답을 제시하지 못했다. 그러나 암기력을 평가는 입시제도로 인하여 토론에 미숙해졌다.

다행히 입시제도가 암기력보다는 다양한 경험을 평가하게 되면서 토론이 중요한 교육방법으로 부각되고 있다. 사전에 제시된 토론 주제에 필요한 자료를 수집하고 분석하여 자신의 자료로 만들어 가는 과정에서 소통하는 방법을 이해하게 된다.

"어떻게 말할까?"

토론에서 말할 내용과 방법을 사전에 준비하면서 생각하는 방법을 찾아가게 된다.

"아하!"

소크라테스의 문답교육은 토론 방식이다. 사전에 자료를 정리하여 질문할 것을 찾아내고 예상되는 질문에 대비함으로써 소통을 위한 준비를 한다. 토론은 서로의 생각을 교류하는 소통 마당이다. 준비된 메모 자료를 바탕으로 토론을 통하여 새롭게 만들어 가는 소통을 통한 정보교류장이기도 하다. 메모하는 습관이 원활한 소통 방법을 습관화시킨다.

토론을 이끌어 가는 말의 기술

토론은 제안이나 발표를 통하여 진행된다. 제안은 자신의 생각을 정리하여 상대방이 쉽게 이해하도록 논리적으로 제시해야 한다. 논리적으로 제시하기 위해서는 준비한 과정 단계 및 그 내용을 구체적으로 제시해야 한다. 자신은 잘 알고 있는 내용이지만 상대는 이해하기 어려운 경우가 많기 때문이다.

그렇다면 어떻게 쉽게 간결하면서 정확하게 제시할 것인가? 가장 중요한 것은 단어의 선택이다. 전문 용어를 지나치게 사용하면 상대는 이해하기 어렵다. 전문 용어를 생활 언어로 바꾸어 제시하는 단어의 선택이 필요하다. 누구나 쉽게 알아듣고 이해될 수 있는 언어가 원활한 소통을 만든다.

토론에서 공감대를 얻는 언어는 전문 용어보다 생활 언어이다. 반드시 사용해야 할 전문 용어가 아니라면 일상적인 언어로 발표하는 것이 공감대를 얻는다. 학술적인 언어를 사용해야 발표를 잘하는 것처럼 보이는 것은 잘못된 착각이다.

토론의 소통은 학술발표회가 아니다. 학술발표회에서는 전문 언어가 필요하겠지만, 일반적인 토론에서는 필요한 전문 언어만을 선별하여 사용해야 원활한 소통이 된다. 토론 참가자가 알 수 없는 언어를 반복적으로 사용한다면 자신만의 독백이 될 뿐이다.

토론은 소통을 통해 문제점을 찾아내고 해결하기 위한 대화의 마

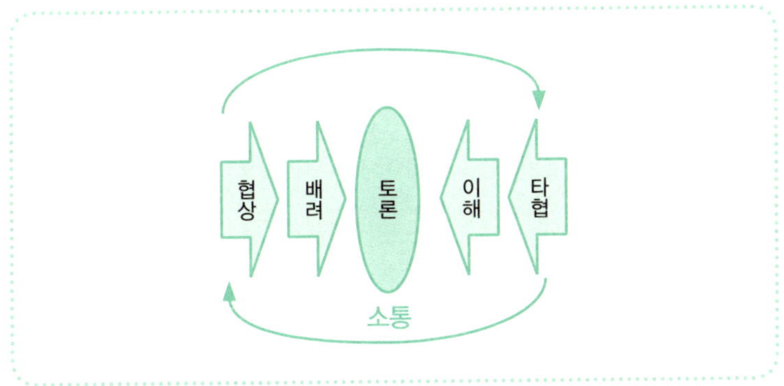

당이다. 같은 내용이지만 어떻게 표현하는가에 따라서 상대의 공감대를 만들 수도 있고 거부감을 만들 수도 있기 때문에 토론의 소통을 위한 언어를 어떻게 선택하는가에 달려 있다.

소통은 상대적이라고 했다. 토론의 소통은 상대적 관계를 이끌어 내는 방법이어야 한다. 무조건 믿어 달라는 것보다는 이런저런 사건의 과정을 통해 믿어도 된다는 믿음을 주는 것이 필요하다.

21세기 4차 산업 혁명시대는 정보의 시대이다. 정보는 독점되는 것이 아니라 공유된다. 서로의 정보는 공유를 통해서 새로운 정보로 창출되며 새로운 정보에 의하여 개인이나 조직의 경쟁력이 만들어진다. 미래의 경쟁력은 정보에 의해 존재하는 것이다. 조직의 경쟁력은 정보에서 나온다. 초일류기업의 경쟁력은 얼마나 많은 다양한 정보를 수집하고 분석하여 자신의 정보로 만들어 내는 능력이 있는가에 따라 결정된다.

개인이나 팀, 조직의 경쟁력은 빅데이터에 의한 정보 공유와 이를 이끌어 가는 소통 방법에 달려 있다. 한 사람의 유능한 생각보다 다수의 생각이 시너지 효과를 창출할 수 있다. 한 사람의 편향

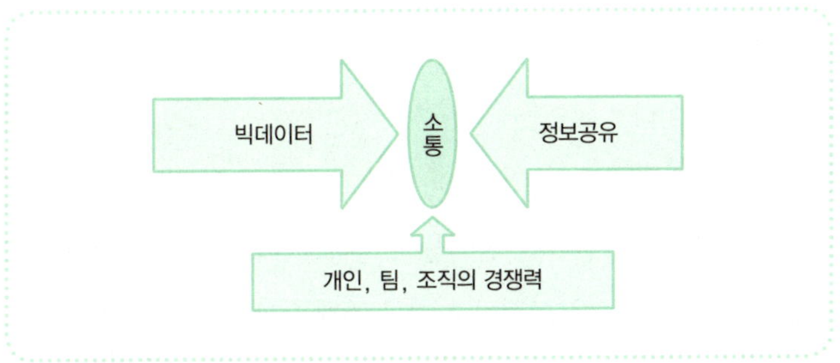

적이고 전문적인 관찰보다는 다수에 의하여 다양한 방향에서 관찰한 정보가 유익한 정보이고 생산성과 효율성을 창출시키는 정보이기 때문이다.

빅데이터는 서로 다른 무수한 데이터를 의미한다. 하나의 방향이나 목적에 필요한 데이터에서 서로 다른 방향이나 목적 달성에 필요한 서로 다른 정보가 결합된 정보이다.

정보는 네트워크에 의하여 확산된다

"인맥이 좋다."

"다양한 인맥을 가지고 있어."

하나의 색깔이나 모양으로 형성된 것보다 다양한 색과 모양으로 형성된 것을 다양성이라고 한다. 사람 관계에서 다양성은 다방면에 능력이 있거나 인맥을 가지고 있는 경우이다.

"다방면에 소질이 있어?"

여러 가지에 능력이 있거나 관심, 소질이 있을 때 상대를 칭찬하는 말이다. 네트워크 형성의 비결은 상대를 인정하고 칭찬하는 습관이고 자세이다.

"뭘 그 정도 가지고?"

상대를 과소평가한다면 인맥을 형성하는 데 어려움이 있다. 친구를 선택하는 기준을 설정하고 친구 관계를 맺으려 한다면 주변에

친한 친구를 만들기 어렵다. 친구 관계를 맺는 것과 친구 간의 거래를 하는 것과는 별개이다.

정보에는 필요한 정보가 있고 필요 없는 정보도 있으며, 가치 있는 정보가 있고 가치가 없는 정보도 있다. 정보의 네트워크는 필요 없거나 있거나 가치가 있거나 없거나 공유될 때 형성된다. 수많은 정보 속에서 자신에게 필요한 정보를 구분하는 것은 자신의 능력이다.

다양한 인맥을 형성하려면 인맥 형성에 기준을 두면 어렵다. 다양한 정보네트워크를 만들 듯이 인맥도 벽을 두지 말고 형성해야 한다.

필요한 정보는 어떤 정보인가?

'필요'라는 기준에 의하여 정보의 가치가 구분된다.

"개똥도 쓸데가 있다."

속담이지만 정보나 인맥 형성에 기준을 두지 말라는 것과 같다. 지금은 필요 없는 정보가 나중에 중요한 정보가 되기도 한다. 필요라는 기준은 자신이 만드는 기준으로, 네트워크를 만드는 기준이 될 수는 없다.

정보 소통은 수집보다 분석이 중요하다. 정보 소통은 정보의 가치에 따라서 결정된다. 가치 있는 정보를 만들기 위해 수집하는 방법이 중요하다.

"어디서 정보를 얻지?"

정보 수집은 방향을 결정하지 못하면 수집하기 어렵다. 어디서 얻을 것인가의 방법이 결정되면 단계적으로 수집해야 한다.

"쓰레기 정보는 시간 낭비야?"

방향을 결정하지 않고 무조건 정보를 수집하다 보면 정작 쓸 수 있는 정보가 없는 경우가 발생한다. 정보 수집에는 목적과 방향이 중요하다. 어디에 사용할 정보인가, 어떤 목적에 필요한 정보인가를 결정하고 필요한 정보를 수집하는 자세가 중요하다.

정보를 수집하고 분석하는 이유는 정보의 교류 때문이다. 정보 시대에는 정보의 교류에 있으면 이를 '정보 소통'이라 한다. '정보 가치'는 정보의 질적 가치를 의미한다.

"내 정보를 줄 테니 어떤 정보를 줄 건데?"

내 정보의 가치만큼 나에게 줄 정보가 가치가 있는가에 대한 질문이다. 정보의 교류는 질(내용의 가치)에 달려 있다. 정보는 교류의 수단이고 거래의 수단이 된다.

"믿을 수 있는 정보야?"

정보는 거짓정보와 사실정보로 구분된다.

정보를 가장 쉽게 얻는 방법이 인터넷이다. 문제는 누구나 정보를 인터넷에 공개하기 때문에 50%는 가치 있는 정보이지만, 50%는 각자의 의견이고 생각이라는 점이다. 개인 생각은 의견에 불과하기 때문에 정보 가치는 없다. 때로는 잘못된 인식으로 편견이나 비판에 의한 것으로, 정보라고 구분할 수도 없는 경우가 많다. 인터넷 정보는 쉽게 얻는 만큼 선별하는 능력이 필요하다. 잘못된 개인 의견을 정보로 만들면 신뢰감 상실 등의 부작용이 발생될 수 있다.

그렇다면 어떠한 정보가 필요한 정보인가? 소통에 필요한 정보가 필요하다. 필요한 정보가 소통된다. 서로에게 필요한 정보를 교류함으로써 공존과 공생을 위한 경쟁력을 창출할 수 있다. 소통을 통한 시너지 효과이다. 소통을 통하여 서로에게 도움이 될 수 없다면 지속적인 소통이 이뤄지지 못한다. 새로운 정보의 지속적인 교류를 통해 서로의 이익 창출이 가능해지므로 소통은 지속된다.

정보의 교류는 가족에서 시작된다

부모는 자녀에게 미래를 위한 정보를 끝없이 제공한다.

"몸조심해라."

70세 아들을 보고 90세의 노모가 하는 말이다. 70년을 살았어도 부모 마음에는 자식이 걱정되기 때문이다. 노인을 보고 노인이 부탁하는 말이지만, 그 속에는 정보가 들어 있다. 어렸을 때 몸조심은 약하기 때문에 하는 말이고, 젊었을 때 몸조심은 왕성한 혈기에 다칠까 봐 하는 말이고, 늙어서 몸조심은 약하니 조심하라는 말이다.

조심하라는 것은 사건을 예방하기 위한 정보이다. 다치고 난 뒤에는 작든 크든 치유하는 고통을 감당해야 하기 때문에 조심에는 경계선이 없다.

“거기는 가지 말라. 잘못하면 다친다.”

부모의 경험에 의한 사전 경고의 정보이다. 어리다는 것은 경험이 부족하다는 의미이기도 하다. 직접 다쳤거나 간접적으로 다쳤던 정보를 자녀에게 사전에 알려 줌으로써 이를 예방하기 위함이다.

“무리하지 말라.”

지나치면 모자라느니만 못하다. 지나치게 욕심을 내거나 신체적으로 견디기 어려운 것을 하면 다치거나 아픔의 고통을 받을 수 있기 때문에 반복하여 무리하지 않도록 경고를 하는 소통의 말이다.

욕심에는 양면성이 있다. 일에 욕심이 없으면 나태해지고 정체되지만, 지나치게 욕심을 가지면 정신적·신체적으로 무리하여 사고가 난다. 부모나 스승, 인생의 선배의 경험은 욕심에 대한 양면성을 알고 있기 때문에 사전에 경고성의 말을 하게 된다.

“더 이상은 무리다.”

각자의 능력은 다르다. 남이 한다고 무조건 하는 것은 어리석음이다. 정보의 소통은 상대적 평가에 대한 자문이다. 능력이 다르다는 것은 생각하는 범위와 행동하는 범위가 다르다는 것이다.

조직 소통의 조정자

조직은 다양한 사람으로 구성되어 있기 때문에 서로의 입장을 조절해 주는 조정자가 필요하다. 경쟁하는 조직에서 서로를 배려하고 이해하는 것은 어려운 일이다. 배려하고 이해만을 강조한다면 경쟁력을 상실하게 된다.

"내가 성공할 수 있었던 것은 경쟁자가 있었기 때문입니다."

수많은 성공자들이 공통적으로 말하는 것이 경쟁자가 있기 때문이었다는 것이다. 이렇듯 선의의 경쟁은 서로를 노력하게 만들어 발전하는 원동력이 된다. 조정자는 이러한 원동력을 자극시키고 조절해 주는 역할을 한다.

중간관리자는 조직의 조정자

조직의 허리가 중간관리자이다. 아내와 어머니 사이에서 남편은 중간관리자와 같다. 아내를 칭찬하는 남편, 어머니를 칭찬하는 남편은 어느 편도 아닌 중간 조정자의 역할이다.

조정자의 소통이 어느 한쪽으로 치우치는 순간 조정자의 역할이 끝난다. 조정자의 소통은 중립을 지키기 위한 인내심이다. 양쪽의 대립을 화해로 이끌어 가기 위해서 조정자는 자신의 생각을 버려야 한다. 양쪽의 정보는 듣는 순간 잊어버리고 서로의 입장만을 대변하는 정보교류자가 되어야 한다.

정보를 전달하는 자세에서 조절하여 교류시키는 인내력은 소통의 근본이다. 정보는 가공되는 것이기 때문에 서로의 좋은 정보만 교류시켜야 한다.

조직의 발전과 활성화를 위해 아침 출근과 동시에 발표하는 것이 확산되고 있다. 발표를 통해 자신을 소개하고 비전을 제시하며 팀원과의 소통을 추구하는 제도로 정착되고 있는 것이다.

"오늘의 5분 스피치는 오 대리가 하겠습니다."

업무를 시작하기 전에 순번에 의하여 다양한 주제로 3분, 5분 스피치를 진행하는 것은 발표를 통해 조직 간의 소통하는 문화를 만들기 위함이다. 전 사원이 짧은 시간에 자신의 생각을 함축하여 제시하는 것은 조직원과의 소통 방법이다.

"그런 문제가 있었구나!"

3분, 5분 스피치는 단순한 발표가 아니라 조직원 간에 다양한 문제를 제시하여 함께 생각하는 공감을 만들어 내는 시간이다. 상대의 입장에서 생각하는 여유를 가지게 함으로써 단순한 발표에서 발전하여 조직원 간의 간접적 대화를 소통하는 수단이 되고 있다.

조직 활동과 발표 기회

"다음 주 발표 자료 준비해!"

"예, 잘 준비해서 발표하겠습니다."

"이번 기회에 전에 말하던 기획안을 제시해 보는 게 어때?"

"다음에는 사장님도 참석하신다던데…."

"지난번 발표했던 것의 구체적인 안을 이번에 내보라고!"

상사나 주변 동료의 권유나 지시 등으로 발표할 기회를 얻었다면 평소에 생각했지만 말할 기회가 없었거나 새로운 발상에 대한 자신의 생각을 표현할 기회가 없었다면, 발표는 기회가 된다.

원활한 조직 활동을 하려면 발표를 잘해야 한다. 조직 활동에서 발표 시간은 자신을 알리는 기회이다. 조직은 수많은 문제점을 가지고 존재한다. 문제가 없다면 조직도 없다. 따라서 이러한 문제점을 해결하는 과정에서 발표는 중요한 기회가 된다.

3분, 5분 스피치 시간은 발표자가 의도하는 대로 조직원에게 알리는 기회이기 때문에 발표 시간 동안은 누구도 자신의 의견에 질의하지 않고 청취하므로 소신 있게 의견을 제시할 수 있다. 이러한 장점 때문에 조직에서는 발표를 통해 많은 정보나 아이디어를 채택하고 있다.

일반적인 토론에서는 자신의 생각과 다를 경우 중도에 질문을 하므로 발표자가 의도한 방향대로 발표를 하지 못하는 경우가 발생하지만 3분, 5분 스피치에서는 주어진 시간 동안 자유롭게 발표할 수 있기 때문에 기회가 발생하는 경우가 있다.

"그런 기발한 생각을 어떻게 했지?"

“오늘 발표는 획기적인 안이라고 모두가 공감했네!”

“편하게 끝까지 말 할 수 있어서 기쁩니다.”

주어진 발표 시간은 발표자에게 기회가 된다.

발표 개요서 작성 방법

발표개요서는 발표할 내용을 간추려서 핵심을 제시하는 것이다. 발표는 즉흥적으로 답하거나 말하는 것이 아니라, 사전에 충분히 준비된 내용을 청취자에게 적합하도록 전달하거나 알리는 것이다. 전달과 알리는 것 사이에는 차이가 있다. 전달은 정보를 소개하는 것이고, 알림은 정보를 공포하는 것으로 듣는 사람에게 다른 느낌을 준다.

“지금부터 지난번 일에 대한 보고를 드리겠습니다.”

보고서 발표는 전달이고 소개이다.

“결정된 사항이 정리되어 협의 사항을 알려 드리겠습니다”

정보가 필요한 사람들에게 결정된 사항을 소개하고 공포하는 것이다. 발표개요서 작성 항목은 다음과 같다.

① 발표 주제 및 분석

② 발표자 역할

③ 발표 핵심 내용 요약

그리고 발표하기에 앞서 일러두어야 할 사항을 순서대로 정리하면 다음과 같다.

① 청중 대상을 파악한다.

② 발표 장소를 파악한다.

③ 발표 내용을 시간에 맞게 배정한다.

④ 자신의 복장을 점검한다.

⑤ 청취자의 시선을 집중시킨다(제스처, 스피치).

⑥ 청취자의 눈을 보고 말한다.

⑦ 분위기를 조절한다.

⑧ 시각적 방법을 사용한다(동영상, PPT).

⑨ 통계수치, 신정보로 신뢰감을 준다.

발표 자세와 소통

"3분 스피치", "5분 스피치"는 기업마다 유행처럼 번지고 있는 발표훈련이다. 단순한 업무 기획이나 발표가 아니라 조직원과 소통하는 기회를 만들기 위함이다. 매일 순번을 정해 돌아가며 부서별로 또는 조직원 전체가 모여서 업무를 시작하기 전에 개인별 발표를 통해 업무를 준비하는 시간이다.

"뭘 발표하지?"

반복되는 순서에 따라 발표 주제를 선택하게 된다. 심리적 부담을 주지만 때로는 전 직원에게 자신의 아이디어를 발표하는 기회가 된다. 때로는 서로 생각하지 못한 주제 발표를 통해 업무 효율성을 높이거나 기업의 경쟁력을 창출하는 아이디어가 나오는 경우도 많다.

"아니, 신입사원이 저만큼 업무를 파악하고 문제점을 찾았다고?"

상사와 대화하는 기회가 많지 않지만 발표를 통해 상사와 대화하는 기회가 된다. 유창한 스피치 기술이 아니지만 솔직한 느낌을 주는 억양과 자세, 평소에 가지고 있는 혁신 아이콘(icon)을 조직원에게 소개하는 데 3-5분 스피치는 큰 효과를 얻고 있다.

발표자의 자세에 따라 내용의 신뢰성이나 공감대가 결정된다. 발표자의 자세가 불량하면 근무 태도의 불량으로 평가받을 수도 있다. 진지한 발표 자세는 복장과도 연계된다. 가능한 정장차림으로 발표하는 자세가 필요하다. 평상복을 착용하는 조직이라면 깨끗한 복장이 중요하다. 근무할 때는 자유 복장이 허용되어도 발표는 다수를 대상으로 하기 때문에 복장의 예의가 필요하다.

말하면서 다른 행동을 하거나 먼 산이나 창밖을 보는 행동도 듣는 사람에게 신뢰성을 주지 못한다. 듣는 사람과 눈을 마주치고 정확한 발음으로 차분히 자신의 아이디어를 제시하는 훈련을 통해 발표하는 습관을 가져야 조직에서 인정받는다.

"어떻게 말할 것인가?"보다 "무엇을 말할 것인가?"

어떻게 말할 것인가는 말하는 기술이고, 무엇을 말할 것인가는 발표 내용에 대한 신뢰성을 높이는 방법이다. 발표자가 청취자와 어떻게 소통할 것인가의 소통 방법과 소통할 내용의 신뢰감을 주는 자세와 방법이 소통의 효과를 극대화시킬 수 있다. 외형적인 스피치 기술보다는 솔직하고 정확한 정보를 전달하는 소통의 기술이 필요하다.

발표 기술을 살펴보면 다음과 같다. 먼저 30초-1분 안에 청중의 시선을 잡아야 성공한다. 그리고 두괄식으로 3-5분의 내용을 축약하여 핵심을 제시하는 방법이 청중의 관심을 집중시킬 수 있다. 데이터는 출처를 밝혀서 공신력을 얻는다. 발표 내용의 핵심을 누구나 인정할 수 있는 방법으로 선택해야 한다.

① 공신력 있는 통계수치 활용

② 대중적으로 권위 있는 말 인용

③ 명언, 일화를 통한 유머 감각

④ 문제 제시로 관심 유도

발표 내용의 핵심을 통해서 청중의 신뢰성을 만드는 발표 방법이 중요하다. 발문화법을 통해 상대의 질문을 유도하여 발표 내용에 집중하게 만들어야 발표자의 능력과 내용을 높게 평가받을 수 있다.

① 문제를 제시한다.

② 질문을 던진다(발문기법).

③ 관심을 집중시켜 방안을 제시한다.

④ 해결 방법을 제시한다.

발표 소통에서 주의할 점

발표는 다수의 대중에게 자신의 생각을 제안하거나 제시하며 때로는 청중의 공감을 받아 새로운 프로젝트를 추진하는 기회가 되기도 한다. 따라서 대중은 자신에게 찬성하는 팀과 반대하는 팀이 공존하고 있음을 인식해야 한다. 반대하는 사람이나 팀을 공격한다면 발표는 반쪽이 되고 발표로 마무리하게 되어 기회는 사라진다.

발표자는 어떤 상황이나 내용에도 비판해서는 안 된다. 문제점을 제시하는 방법도 긍정성과 부정성에 대한 비교를 통해서 쌍방이 이해할 수 있는 공통점을 찾아내어 제시하는 것이 필요하다. 자신의 생각과 다르다고 비판하거나 비난한다면 발표자와 청취자가 공감하지 못한다.

앞서 발표 기술에서 보듯이 상대 상품을 비판하거나 비난하는 것보다는 문제점에 대해 준비된 내용을 설명함으로써 대중이 요구하는 공감대를 형성하여 발표의 신뢰성을 얻을 수 있었던 것처럼 문제에 대한 해결 방법을 제시하는 것이 필요하다. 비판과 비난은 소통 방법이 아니다. 서로의 장점을 비교하거나 문제점을 비교하여 자연스럽게 상대가 인정하도록 유도하는 질문화법이나 발문화법이 발표의 기술이다.

　또한 유창한 말보다 신뢰성을 주는 말이 필요하다. 발표는 설득이 아니라 정보를 제공하고 이를 통해 신뢰성을 얻는 마당이다. 따라서 유창하게 설명하는 것보다는 진실성 있는 내용과 자세가 대중의 공감대를 만들 수 있다.

서로의 장점을 교류하여 시너지를 만드는 것이 창조이다. 단점을 지적하거나 문제점을 지적하면 교류는 깨진다. 교류는 서로의 정보를 주고받는 소통으로, 조정자의 역할에 따라 창조의 범위가 결정된다.

"각자의 생각을 제안해 주시기 바랍니다."

서로 다른 생각이기 때문에 소통이 필요하다.

"동의합니다."

무조건 상대 의견에 동의한다면 새로운 아이디어가 나오지 못한다.

"저는 다르게 생각합니다."

서로 다른 점을 제안해야 교류를 통해서 문제점을 찾아내어 해결할 수 있다. 동의한다는 것은 같은 생각이라는 긍정적인 면이 있지만, 동의를 통해서 생각하지 않으려는 부정적 의미도 있다. 무조건 동의라는 것은 처음부터 다른 생각을 하지 않겠다는 의사 표시이기도 하다.

회의를 진행하는 부장이 명령이나 지시에 익숙한 사람이라면, 조직원 각자의 생각을 제안하지 않는 경우가 많다.

"오늘 최 부장님이 진행하신대."

“그럼 오늘은 듣기만 하면 되네?”

평소 이미지가 회의 진행의 흐름을 만드는 경우가 많다.

“오늘 강 이사님이 진행하신대?”

“그럼 지난번 제안한 거 다시 말해야겠다.”

강 이사는 직원들의 이야기에 경청하고 제안하는 기회를 많이 주는 사람으로 인식되어 있기 때문에 회의에 참석하는 사원들도 준비를 해서 발표 기회를 얻기 위해 노력하게 된다.

이렇듯 창조하는 조직은 직급에 관계없이 서로의 생각을 조건 없이 교류하면서 새로운 방법과 방향을 찾아간다. 조직원에게 발표의 기회를 제공하고 발표된 내용을 새로운 아이디어로 만들어 가는 소통의 문화를 가진 조직이다.

소통이 없으면 창조도 없다

“내 생각은 이렇습니다.”

문제점이나 다른 점을 제안하면서 교류가 시작된다.

“이런 점에서 문제점이 있다고 봅니다.”

문제점이 없는 것은 없다. 문제점이 있기 때문에 소통이 필요한 것이고, 소통을 통해서 새로운 아이디어를 창출할 수 있다.

“이런 방법으로 바꾸면 좋다고 생각합니다.”

문제점을 지적하면 방법을 제시해야 한다. 문제점만 지적하고 방법을 제시하지 못하면 비판을 위한 문제점 지적이 된다.

"다른 분은 어떻게 생각하십니까?"

토론을 진행하는 사람에게는 다수의 생각을 이끌어 내는 노력이 필요하다. 한두 사람에 의하여 진행되는 토론은 소수의 생각으로 창조를 하지 못하는 경우가 빈번하다.

"서로 같은 생각인가요?"

일방적으로 몰아가는 방법은 올바른 정보 교류가 아니며 창조를 위한 방법도 아니다. 창조를 위해서는 다른 점을 최대한 많이 이끌어 내는 노력이 필요하다.

"이 점에서는 이의가 없지만 다른 점에서는 차이가 많으니 그 점에 대하여 서로의 생각을 제안해 주시기 바랍니다."

같은 생각도 있고 다른 생각도 있다면 같은 생각은 공통점으로 만들어 놓고 다른 점을 토론하거나 의견이나 정보를 교류하여 같은 점과 연계시키는 방법이 창조를 만든다. 예를 들어, 자전거가 움직이는 수단은 바퀴이지만 바퀴를 어떻게 만들 것인가에 대한 의견은 서로 다르기 때문에 바퀴라는 공통점을 가지고 어떻게 만들 것인가를 구체적으로 토론하는 것이 필요하다.

이렇듯 같은 점과 다른 점에 대한 서로의 생각을 교류하는 소통 방법에 따라서 창조의 결과물이 결정되는 경우가 많다.

정해진 방법은 창조의 방해 요인이다

사전 각본에 의하여 진행되는 대화나 토론은 상대 의견을 무시하거나 요식적 과정으로 결정되는 경우가 많다.

"원만한 진행을 위해서 시나리오를 만들었습니다."

창조를 위한 토론에는 시나리오가 없다. 토론을 진행하기 위한 시나리오는 정보 교류보다는 일방적 요식행위의 보고나 절차상의 토론에 가깝다. 정해진 각본에 의하여 찬성과 반대를 토론요식에 의하여 진행하는 것은 창조에는 관심이 없는 소통이다.

"제안된 내용에 대한 각자의 의견을 말씀해 주시기 바랍니다."

대화나 토론 과정에서 제시된 제안은 각본이나 시나리오가 없기 때문에 자연스럽게 창조하게 된다.

"나는 맞춤복이 아니면 옷이 맞지 않아."

"나는 무조건 골라서 입으면 맞아."

두 사람의 차이는 신체적 균형의 차이이다. 표준화된 신체규격이라면 기성품도 맞춤과 같다. 신체적 특징을 가진 사람은 표준화된 규격이 맞지 않기 때문에 맞는 옷을 입으려면 반드시 맞추어야 한다.

그렇다면 기성복과 맞춤복의 차이점은 무엇인가? 맞춤복만이 새로운 옷인가? 창조는 새롭게 만드는 것이지만 기성복이나 맞춤복이나 새 옷이라는 개념은 창조와 같다. 수많은 아이디어 중에는 기존에 존재하는 것에서 문제점을 개선하는 아이디어가 있고, 기존에 없는 아이디어도 있다. 꼭 기존에 없는 것만이 아이디어가 되는 것은 아니라는 것이다. 따라서 기성품이라 해도 정해진 것을 자신의 체형에 맞게 조절하여 새롭게 만들어 가는 자신의 노력에 따라서 새로운 이미지를 창출할 수 있다.

조건 없는 교류로 만들어 가는 창조의 힘

같은 기성복을 입었는데 전혀 다른 느낌을 주는 것은 무엇 때문일까? 같은 소재에 모양도 같은데 입은 느낌이 다른 것은 코디 방법이 다르기 때문이고 입은 사람의 이미지가 다르기 때문이다.

서로 다른 성격이나 성향 때문에 다양한 디자인이 개발된다. 새로운 것을 만드는 창조는 서로 다르기 때문이다. 무엇이 다르고 어떻게 다른 것을 만들어 가는가의 방법은 서로 다른 것을 교류하는 소통에서 나온다. 다르기 때문에 다양한 것을 만들어 내듯이 다른 것을 교류하는 소통의 방법에 따라서 다른 것이 결정된다.

다른 점에 대한 고객의 욕구를 듣고 욕구를 충족시키기 위한 방법을 창출하는 것이 창조이다. 고객의 욕구는 조건 없는 교류를 통해서 전달된다. 무엇을 어떻게 만들어 달라고 주문을 한다면 개인의 욕구 충족이 이루어진다. 조건 없이 무엇이 필요하고 어떻게 했으면 좋겠다는 교류를 통해서 만드는 사람의 생각에 의하여 창조되어야 한다. 따라서 교류는 조건 없이 필요한 정보를 주고받는 것이어야 한다.

　조건을 제시하는 것은 주문이다. 창조는 주문에 의하여 만드는 것보다 욕구를 충족시키는 방법을 찾아내는 것에서 창출된다. 조직은 개인의 욕구를 충족시키는 것보다는 대중의 욕구를 충족시키는 대중성에 있다. 하나만의 특별한 것을 만드는 것보다 대중적인 다량을 만드는 것이 조직이다.

　그런 점에서 SNS는 조건이 없는 무한의 정보이다. SNS를 통해 불특정 다수의 다양한 정보를 수집하고 분석하는 방법에 의하여 조건 없는 정보가 조직의 경쟁력을 창출시키는 정보가 되고 있다.

최고의 리더는 사람의 마음을 움직인다

한끝이 다른 리더의 7가지 소통법

말을 잘하는 사람과 못하는 사람의 차이는 무엇일까? 상대의 이야기를 경청하는 사람과 그렇지 못한 사람의 차이이고, 상대의 이야기를 끝까지 듣고 말하는 사람과 중간에 말을 차단시키거나 끼어들어 자신의 이야기를 하는 사람의 차이이다.

성공하는 사람의 공통점에 경청의 자세와 방법이 있다. 성공한 사람들은 상대 이야기를 끝까지 들으며 중요한 내용을 적고 나서 이야기를 하는 습관적 자세와 방법을 가지고 있다.

"아, 그거 이런 말을 하려는 거지?"

"그러니까, 맞지 않다는 것인가?"

상대가 말하는 도중에 끼어들거나 상대를 윽박지르면 상대가 무엇을 어떻게 생각하는가를 알 수 없다. 상대 이야기를 끝까지 듣지 못했기 때문이다. 말을 잘하는 사람은 상대의 마음을 움직이는 사람이다. 상대의 마음을 움직이기 위해서는 상대가 무엇을 어떻게 얼마나 생각하고 있는가에 대한 정확한 판단이 필요하다. 따라서 상대 이야기를 반복하여 자극하는 대화기법이 필요하다.

"마음이 통하네요."

마음이 통하는 순간 깊이 쌓여 있던 이야기가 쏟아져 나온다.

"그 심정 이해합니다."

상대의 이야기에 동조하면 말하는 사람의 감정이 자극받는다.

"이해를 해 주신다니 마음 놓고 말하겠습니다."

감정을 자극받으면 누구나 부담 없이 속에 들어차 있던 이야기를 풀어놓게 된다. 감정에 깊이 빠지면 상대를 의식하지 못하고 속에 들어 있던 사연들을 둑이 무너져 넘치듯이 이야기를 하게 된다. 둑 안에 가득 담아 놓고 혼자서 고민하고 방황하고 갈등했던 사건은 누구나 가지고 있다. 이러한 문제를 부담 없이 이야기하도록 분위기를 만드는 것이 대화 기술이다.

"듣다 보니 나도 화가 납니다."

"그렇죠?"

이야기를 들어 주는 것도 고마운데 이야기에 동참하거나 동조할 때는 이야기하는 사람의 입장에서는 물 만난 고기 같은 심정이 된다.

"어떻게 혼자서 가슴에 묻고 있었나요?"

불에 기름을 붓듯이 이야기의 핵심을 찌르는 방법은 이야기 속에 기름을 넣는 방법이다.

"나라면 참지 못했을 거예요. 대단하시네요!"

상대에게 감탄하는 방법은 상대를 더욱 흥분하게 만든다.

"맞죠?"

누군가 자신의 깊은 이야기를 조건 없이 들어 주고 적극적으로 공감해 준다면 상대가 누구든 부담 없는 대화를 하게 된다.

"오죽하면 내가 이렇게 하겠습니까?"

상대가 자신에게 공감하면 지원 세력을 만났다고 생각하게 되어 사정하듯이 자신의 억울함을 호소하게 된다. 이 정도쯤 되면 완벽한 소통이 되었다고 판단할 수 있다. 영업사원은 적극적인 후원자를 만나게 된 것과 같다.

영업사원은 자신의 말보다 상대의 이야기를 자극하여 긍정이든 부정이든 지속적으로 말을 하도록 유도하는 기술이 필요하다. 심리상담에서 상대의 감정을 자극시키는 능력은 상담자의 경력으로 평가된다. 심리분석을 잘하려면 상대의 이야기를 충분히 들어야 한다.

상대가 편안하게 마음속에 들어 있는 이야기를 자연스럽게 하도록 분위기를 조성하는 능력이 심리분석전문가에게 필요하다. 말하지 않는 사람을 말하도록 만드는 분위기 조성과 말하는 사람이 지

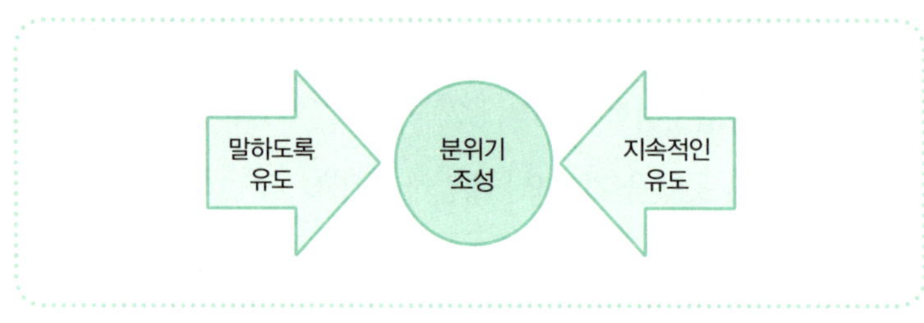

속적으로 말하도록 분위기를 조성해야 한다.

듣는 자세

이야기에 경청하는 자세는 상대에 대한 예의이다. 바른 자세에서 상대를 집중하는 것과 그렇지 못한 경우는 상대방의 이야기를 지속시키거나 못하게 만드는 원인이 된다. 상대를 무시하는 자세로 이야기를 듣는다면 이야기하는 사람은 자신이 말하는 것에 대한 상대의 태도에 불만을 가지게 된다.

"뭐야, 나를 우습게 보는 거잖아?"

"내 이야기가 못마땅하다는 건가?"

"나를 테스트하겠다는 건가?"

이야기를 하는 사람에게 일어나는 이러한 감정은 엉뚱한 생각으로 이어져 이야기의 진실성이 흐트러지게 되거나 중간에 말을 끝내게 만든다. 이야기를 하는 사람의 입장에서는 듣는 사람의 표정에 따라 맞추어 이야기를 바꾸게 되는 경우도 발생한다. 따라서 듣는 자세는 이야기하는 사람의 감정을 자극하는 중요한 원인이 된다.

"너무 진지하게 들어 주셔서 감사합니다."

자신의 이야기에 집중하면 이야기를 한 사람이 들어 준 사람에게 감사를 표하게 된다. 필자가 강의를 할 때 교육생들이 열정으로 경청을 하거나 메모를 하면서 들으면 신이 나서 강의를 하게 되는 경우와 같다.

이렇듯 강사는 교육생의 태도에 따라서 강의 질이 달라진다. 열심히 듣는 학생에게는 무엇인가 더 좋은 정보를 주기 위해 자연스럽게 노력하게 되지만, 학생들이 산만하거나 다른 태도를 보이면 강의 내용도 엉망이 되는 경우가 종종 발생한다.

따라서 강사에게는 교육생이 집중하도록 분위기를 이끌어 가는 능력이 필요하다. 올바르게 듣는 자세를 만들기 위한 강의 기법을 활용해야 한다. 교육생 수준에 적합한 내용으로 흥미를 자극시키는 소재를 가지고 재미있게 연기하면 교육생은 바른 자세로 눈을 크게 뜨고 끝까지 경청하게 된다.

소통을 이끌어 가는 기술

화자(이야기하는 사람)는 이야기 속에 몰입하도록 스토리를 만들어야 하고 경청하는 사람이 화자에게 몰입되도록 이야기를 이끌어야 한다. 어떻게 경청하는 사람의 시선을 이끌어 갈 것인가?

경청하는 사람과 공통점을 만들어야 한다. 듣는 사람이 관심이 없다면 화자에게 집중하지 않는다. 처음부터 듣기를 거부하는 사람에게는 아무리 좋은 이야기를 들려준다고 해도 소용이 없다. 따라서 화자는 경청하는 사람들을 선택할 필요성이 있다.

이야기를 잘하는 사람과 이야기를 잘 이끌어 가는 사람이 있다.

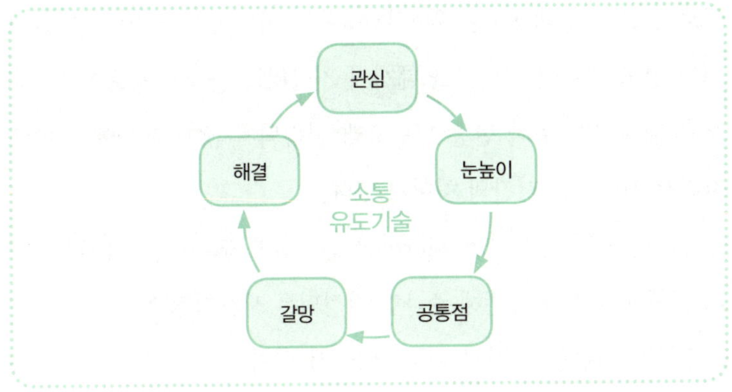

이야기를 잘하는 사람은 주어진 주제에 따라 진행하는 사람이고, 이야기를 잘 이끌어 가는 사람은 주어진 환경에 따라 잘 진행하는 사람이다. 소통을 이끌어 가는 능력이 있는 사람이다.

이야기를 잘 이끌어 가는 사람은 소통을 유도하는 5가지 기술을 가진 사람이다. 관심을 이끌고 눈높이를 맞추어 공통점을 이끌어 가면서 갈망하는 마음을 자극하여 자신의 이야기를 끝까지 듣게 하여 해결하는 사람이다.

흥분한 사람을 이끄는 화술

듣는 사람의 관심을 유도하는 방법은 분위기 파악에 있다. 상대가 흥분되어 있다면 흥분된 소재가 이야기 소재가 되어야 한다. 극도로 흥분된 상태에서는 원만한 대화가 이뤄지기 어렵다. 따라서 어느 정도 흥분이 가라앉을 때까지 기다리는 자세가 필요하다. 흥분은 일시적인 두뇌 현상으로 오래 지속되지 않기 때문에 사람에 따라서 기다리는 시간의 차이가 있다.

흥분한 사람은 시간이 지나면서 진정하게 되는데, 흥분을 상대가 이해해 주거나 공감해 준다면 진정되는 시간이 짧아지고 흥분을 조절하는 여유를 가지게 된다. 따라서 화자에게는 흥분한 이유를 정확하게 파악하는 기술이 필요하다.

"내 입장에서도 같습니다."

"정말 이해력이 크신 것 같습니다."

"잘 참으셨습니다."

"당연한 판단이십니다."

"어떻게 그럴 수가 있습니까, 화가 나시는 것 당연합니다."

상대의 말에 맞장구치는 방법이 공통점을 찾는 공감이다. 어떻게 공감을 표시하는가에 따라서 상대는 흥분을 진정하게 된다. 잘못하여 자극하면 더욱 흥분하게 되는 경우도 있다.

"화를 내실 정도는 아닌 것 같습니다."

흥분한 사람을 자극하는 말이다. 흥분한 사람이 말하는 것을 끝까지 듣고 맞장구쳐야 하는 이유는 흥분된 상태에서는 상대를 인정하지 않기 때문에 진정시키는 방법이 필요한 것이다. 어느 정도 진정이 되면 차분하게 소통하면서 서로를 인정하게 만드는 것이 소통을 이끄는 방법이다.

"다혈질이야?"

다혈질이란 쉽게 흥분하는 사람으로, 상대 이야기를 끝까지 듣는 훈련이 부족한 사람을 말한다.

비판과 비교는 전혀 다른 결과를 만든다. 원활한 소통은 긍정적 비교를 통해서 교류된다.

"누구보다 뛰어나다."

긍정적 비교가 소통을 원활하게 만든다.

"누구보다 못하네."

부정적 비교는 상대에게 실망을 안겨 주기 때문에 지속적인 소통을 하지 못하게 만든다. 만났을 때 기분 나쁜 이야기를 듣는다면 만나는 것을 거부하게 된다. 만날 때마다 다른 칭찬을 준다면 좋은 만남으로 이어진다.

"볼 때마다 기쁩니다."

만날 때마다 새로운 비교를 통해 희망과 꿈, 기쁨을 준다면 만남을 기다리게 된다.

"이번에는 어떤 칭찬을 받을까?"

긍정적 비교는 만남을 즐겁게 만들어 주는 비결이다.

"그거 별거 아냐? 누구나 조금만 배우면 다 할 수 있는 것인데, 뭘….."

보여 주기 위해 열심히 연습한 것을 간단하게 비유하면 보잘것없는 것이 된다. 상대는 하루 만에 할 수 있는 것을 자신은 열흘 동안 연습해도 잘 안 되는 사람이 있다. 누구나 같은 능력을 지니고 있는 것은 아니다. 지나치게 비판하는 소통은 이런 경우에 서로에게 벽을 만들게 된다. 사소한 이야기로 평생 동안 원수가 되는 경우이다.

칭찬은 같은 것이지만 반복해도 싫어하지 않는다. 다만 조금씩 다른 언어로 반복칭찬을 하는 것이 요령이다.

"정말 잘한다."

"놀라울 정도로 잘한다."

"아무도 흉내 낼 수 없을 정도로 잘한다."

같은 칭찬이지만 조금만 단어를 바꾸어도 다른 느낌을 주게 된다.

긍정적으로 비교하는 방법을 키워라

누구보다 잘한다는 것보다 누구도 할 수 없이 잘한다는 방식이 상대를 기쁘게 만든다. 같은 비교이지만 상대에게 다른 감정을 자극시키는 방법은 긍정적으로 비교하여 칭찬하는 방법이다.

"그런 기술은 아무도 할 수 없다."

"숙달된 기술이다."

'아무도', '숙달'과 같은 단어가 긍정적 단어이다. 아무나 할 수 없다는 것보다는 아무도 할 수 없다는 비교가 강한 칭찬이 된다.

'아무나'라는 단어는 '누구든지'라는 의미로 잘못 전달될 수 있기 때문에 '아무도'라는 정확한 비교가 확실한 칭찬으로 전달된다.

우리가 흔히 사용하는 단어는 긍정성이 있는 경우와 부정성이 있는 경우로 구분된다.

긍정성 단어	부정성 단어
아무도	아무나
누구도	누구나
숙달된	훈련된

숙달은 반복된 훈련을 의미하지만, 단순한 훈련은 연습과 같은 의미로 표현된다. 숙달은 반복 훈련을 통해 자신의 기술이 된 것이고, 훈련은 단순히 연습을 하는 정도의 미숙한 기술이라는 의미로 전달될 수 있다.

같은 비교이지만 적극적인 긍정의 비교가 있고 소극적인 긍정비교가 있다. 칭찬은 적극적인 긍정의 비교가 상대에게 확실한 믿음과 신뢰를 만드는 소통의 방법이다.

뇌를 자극하는 주문

"천천히 생각해."

'못한다.' 혹은 '안 된다.'라는 부정적 단어는 생각을 좁아지게 만든다. 할 수 없다는 생각에 다른 생각을 할 수 없는 것이다. 안 된다는 결론을 내리면 생각은 닫히기 때문에 가능성을 생각하지 않고 쉽게 포기하게 된다. 천천히 생각하라는 주문은 가능성을 생각하라는 주문이다.

"너는 할 수 있어!"

천천히 가능성을 생각하라는 것이다. 급하게 생각하면 생각이 좁아지기 때문에 여유를 가지고 천천히 뒤집어 생각하라는 방법을 제안하는 것이다. 너는 할 수 있다는 자신감을 가지면 할 수 있는 가능성을 찾게 된다.

"너 정도라면 간단하게 해결할 수 있을 거야."

이미 해결할 수 있는 능력을 가지고 있으니 차분히 방법을 찾아 해결하라는 주문이다.

인간의 두뇌는 무한한 가능성을 가지고 있다. 잠재적 능력을 가

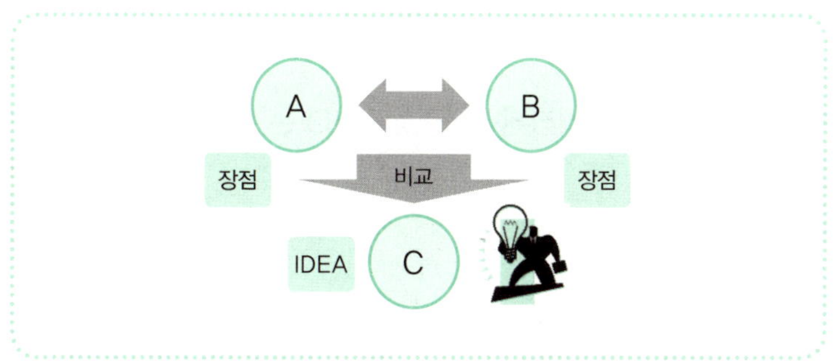

지고 있기 때문에 뇌를 자극하는 주문을 하면 끝없이 가능성을 찾게 된다. 스스로 할 수 없다는 포기를 하면 뇌는 자동적으로 침묵하여 활동하지 못하게 된다.

아이디어를 창출하는 긍정적 비교

A의 장점을 찾고 B의 장점을 찾아 C를 만드는 생각이 아이디어를 창출하는 방법이다. A와 B를 비교하는 것은 정보의 소통이다. 두 개 이상의 서로 다른 정보를 소통시키면 두 개 이상의 장점을 찾게 된다. A만 생각하거나 B만 생각한다면 C는 존재할 수 없다. A와 B를 융합시키는 소통 방법이 C를 생각하게 만든다. 서로의 장점을 찾기 위해서는 긍정적 습관이 필요하다. 서로를 인정함으로써 상대적인 장점을 찾게 된다. 서로를 부정하는 순간 서로를 무시하기 때문에 장점을 찾지 못하게 된다.

오늘날 소통은 문제 해결을 위한 아이디어 창출에 있다. 다양한 문제점을 해결하는 능력으로 평가받는 시대이다. 시기나 질투, 비평이나 비판, 고민이나 고통 등의 문제점을 해결하는 것은 상대를 인정하는 자세에서 시작된다. 긍정적 비교는 비판하는 습관을 바꾸는 방법이다.

"너의 능력을 높이 평가한다."

능력을 평가한다는 것은 비판이 아니라 비교에 의한 판단이다.

상대의 능력을 인정하기 때문에 칭찬을 통해 소통하는 것이다.

좋은 소통은 긍정적 비교에서 나온다

"오늘 성적은 좋았어."

평소보다 조금만 잘했어도 칭찬할 이유가 된다. 소통은 작은 것을 칭찬하고 인정하는 긍정에서 나온다. 조금이라도 가능성이 있다면 적극적으로 칭찬한다.

"그 정도 가지고는 아직 멀었다."

최선을 다해 노력했지만 높은 성적이 나오지 못했을 때 질타하는 것은 생각과 행동을 정지시키는 불통이다. 아직 멀었다는 것은 좀 더 노력하라는 충고이지만, 최선을 다하는 사람의 입장에서는 질타로 느껴진다. 이러한 질타가 반복되면 스스로 가능성이 없다고 포기하게 된다.

좋은 소통은 포기를 도전으로 이끌어 가는 교류이다. 상대에게 자신감을 심어 주고 가능성을 찾아가도록 유도하는 것이다.

"어제보다 좋아졌으니 너에게는 가능성이 있는 거다!"

적은 가능성을 크게 확대하여 칭찬하는 소통이 좋다. 소통은 적은 가능성을 찾아내어 미래와 비교하여 발전가능성을 자극하는 것이다.

"그 정도는 누구나 하는 거다."

누구나 할 수 있는 것이 어느 사람에게는 최선을 다해야 가능한 경우도 있다. 누구나 할 수 있는 것조차 어려운 사람에게 적은 가능성을 극대화시키는 것은 좋은 소통이다.

좋은 소통은 진보적으로 발전하는 가능성에 대한 칭찬이다. 누구에게나 있는 것을 가지고 있지 못한 사람에게는 소중한 것이다. 소중한 가치에서는 많은 것을 가진 사람보다 단 하나밖에 없는 사람에게 그 하나는 가장 소중한 가치가 있는 것이다. 긍정적 요소를 적극적으로 칭찬하는 비교가 다양한 사람들과 소통하는 방법이다.

어떤 비교를 하는가에 따라서 가능성을 찾게 만들 수도 있고, 또 쉽게 포기하게 만들 수도 있다. 긍정의 비교도 적극적으로 해야 한다. 냉소적이거나 소극적으로 긍정의 비교를 한다면 듣는 사람은 자칫 잘못하면 오해할 수 있다.

"이 정도밖에 못해? 더 뛰어!"

잠재적 가능성을 지적하는 것이지만, 이런 방법은 상대를 위축시킬 수 있다. 가능성을 자극하려면 구체적이고 정확하게 해야 한다.

"지난번보다 좋아졌잖아, 더 노력하면 더 좋은 결과가 나온다. 뛰어!"

구체적으로 좋아진 결과를 바탕으로 더 노력할 것을 주문하거나 강요한다면 스스로 가능성을 확인하는 기회를 주기 때문에 노력하게 된다. 이렇듯 어떤 비교를 하는가보다 어떻게 비교를 하는가에 따라서 상대의 반응은 다르게 나타난다.

비교소통이 중요한 이유

무조건 "잘한다."라는 말보다 얼마나 어떻게 잘한다는 비교 방식이 필요하다. 잘하는 선수를 비교하여 어느 정도 잘하는가를 제시한다면, 자신이 무엇을 어떻게 해야 하는가를 생각하게 된다. 정상을 향하여 가자는 말보다는 어느 정상을 향하여 가자는 목표를 제시할 때 정확한 방향을 설정하듯이, 정확한 비교 대상을 통해 비교할 때 더 확실한 칭찬이 되고 자신감을 심어 주게 된다.

비판소통은 상대의 비판을 유도할 수 있다. 비판능력으로 자신의 생각을 주장하는 방법은 또 다른 비판의 대상이 될 수 있다. 비판은 비판을 만들기 때문에 문제점을 지적할 때는 정확한 근거에 의거하여 제시하여야 하며, 가능한 문제점보다는 보완점이나 개선점으로 명칭을 바꾸는 자세가 필요하다.

상대를 인정하는 자세가 거부감을 주지 않는다. 비교 방법은 상대를 인정하고 A와 B의 비교 후 차이점에 따라 문제점을 개선점이나 보완점으로 제시하게 된다. 좋은 소통은 상대의 공감을 이끌어내는 방법으로 이해와 동의를 이끌어 가는 대화 기법이다.

"어떻게 생각합니까?"

토론은 상대의 생각을 질문하는 소통의 마당이다. 한 사람의 생각보다는 다수의 생각이 다양한 생각을 할 수 있기 때문에 서로 다른 생각을 결합하여 하나의 생각으로 만들기 위함이다.

기업이 팀 제도를 확대하는 이유는 무엇일까? 한 사람의 아이디어보다 팀에 의한 아이디어가 경쟁력을 높이기 때문이다. 뛰어난 한 사람의 능력으로 운영하던 기업은 경쟁력이 떨어진다는 통계수치에서 보듯이, 다수의 의견을 융합하여 하나의 아이디어로 만드는 것은 생각을 나누는 방법이다.

"맛이 어때요?"

가게를 오픈하기 전에 시장조사를 하면서 소비자의 흐름을 파악하는 이유는 다수의 기호성을 파악하여 판매할 상품의 개발 방법과 전시 및 판매 방법을 선택하기 위함이다.

"신제품 시식회입니다. 무료로 시식하세요?"

제품을 판매하기 전에 시식이나 시음을 통해 소비자의 반응을 파악한다. 백화점이나 슈퍼마켓 등에 시음장을 만들면 판매량이 증가하는 이유가 소비자의 다양한 의견을 수렴하면서 서비스라는 방법으로 상품을 홍보하는 전략이 필요하기 때문이다.

결국 시음회는 상품 출시 전에 소비자의 반응을 통해 최종 점검하는 소통 방식이면서 소비자에게 새로운 제품을 소개하는 소통 방식이다. 철저한 자료 분석과 기술 개발을 통해 개발한 상품이지만 소비자의 반응을 파악하는 것은 전문성에 의한 기술 개발보다 시장성에 의한 기술 개발이 중요하기 때문이다. 많은 기업이 기술을 개발하면서 시장조사를 철저히 하는 것은 소비자에게 호응을 받지 못하는 기술은 상품적 가치와 이익을 창출하지 못하기 때문이다. 소비자와 생각을 나누는 기술이 경쟁력이 있기 때문이다.

생각은 나눌수록 커진다

"이걸 어떻게 하지?"

혼자 고민하며 개발하던 시대는 지났다. 한 사람의 제안을 바탕으로 다수 의견을 종합하여 문제를 풀어 가는 시대이다. 하나의 생각을 여러 명과 나누어 새롭게 만들어 가는 것이다. 여러 사람의 의견을 종합하는 이유는 서로 다른 관점에서 생각하고 판단한 아이디어가 소비자에게 좋은 반응을 얻기 때문이다.

"이렇게 하면 어떨까?"

자신의 생각은 하나이지만 상대의 생각은 무수히 다양하다. 소통은 생각을 나누는 방법이다. 상대의 생각을 이끌어 내는 나눔이다. 일방적 소통과 쌍방향 소통의 차이점은 서로의 생각을 교류하는 방법의 차이에 있다. 무조건 듣기만 하는 것보다는 듣고 자신의 생각을 교류하는 것이다.

"그 점은 동의하는데, 이런 점은 달라요"

같은 점과 다른 점을 비교하면서 무엇이 같고 다른가에 대한 의견의 교류를 통해 서로 다른 생각의 차이를 좁혀 갈 수 있다. 일방적으로 '이것이다.'라는 것은 소통이 아니라 통고이다. 생각을 교류하면 커지는 이유는 소통으로 서로 다른 점을 하나로 만들어 가기 때문이다.

"맞아요."

"그렇게 보면 같은 생각이었네요"

다른 점을 같은 점으로 만들어 가는 공통점을 찾는 방법은 비교를 통한 소통 방법이다. 단순 비교가 아니라 다른 점에 대한 차이점을 찾아내어 무엇이 다르고, 또 다른 이유는 무엇인가를 비교함으로써 공통점을 찾아내는 소통이다.

"맞아, 난 미처 그런 생각을 못했네."

"부담 없이 말해 주어 고마워!"

미처 생각하지 못한 이유는 보는 관점이 다르기 때문이다.

대화 토론 기법을 찾아라

토론하는 조직이 경쟁력을 창출하는 시대이다. 다수의 의견을 이끌어 내어 창의적인 문제 해결 아이디어를 창출하는 토론문화가 필요하다.

3M사에 근무하던 알렉스오스본(Alex Faickney Osborn)은 광고회사를 설립했다. 다양한 분야의 전문가로 구성하여 경쟁력을 창출하려던 그의 기획은 틀어졌다. 각 분야의 전문가라는 명성 때문인지, 회의를 하면 서로의 생각만을 주장하고 상대방의 의견을 청취하지 않았기 때문이다. 그는 원만한 토론을 진행하는 방법으로 브레인스토밍이라는 토론기법을 창안하여 성공했다. 그가 개발한 브레인스토밍(brainstorming)의 4가지 토론기법은 다음과 같다.

① 비판 금지
② 자유 발언
③ 다다익선
④ 결합 개선

토론에 참가한 사람들은 발표자의 이야기를 끝까지 경청해야 한다. 자신의 의견과 달라도 끝까지 듣고 사회자의 진행 순서에 따라 자신의 의견을 제시하면서 서로 다른 생각의 차이점을 비교하여 공통점을 만들어 간다.

토론은 리더나 주변 사람들의 눈치를 보지 말고 준비된 자료를 자연스럽게 발표해야 한다. 가령 토론에 사장이 참석한다고 하여 사장의 눈치를 보고 발표한다면, 이는 올바른 토론이라 볼 수 없다.

토론에서는 서로 다른 다양한 의견을 도출시키는 리더의 역할이 중요하다. 참석자가 자신의 의견보다 어느 특정인의 생각을 동의하는 형식은 다양한 의견을 도출시키지 못하므로 좋은 아이디어를 창출시키지 못한다. 토론의 목적은 서로 다른 다양한 의견을 조건 없이 도출시켜 차이점과 공통점을 결합하여 문제 해결 아이디어를 창출하는 데 있다.

토론을 이끄는 소통 리더십

토론을 잘하는 조직의 비결은 무엇일까? 그것은 바로 리더가 자신의 역할을 잘하기 때문이다. 토론을 이끌어 가는 리더는 토론 참여자에게 균일한 기회를 제공하고 자유롭게 발언하도록 발언을 이끌어 내는 방법을 제시할 수 있어야 한다. 만일 리더가 자신의 생각을 제시하고 일방적으로 토론을 이끌어 간다면, 토론에 참가한 사람들의 다양한 의견을 도출시킬 수 없다. 토론에 있어서 리더의 역할을 정리하면 다음과 같다.

① 토론 분위기를 조성한다.

② 팀원들에게 균등한 발표 기회를 준다.

③ 발표하기 좋은 분위기를 조성한다.

④ 팀원들이 적극 참여하도록 유도한다.

⑤ 팀원들의 능력을 칭찬, 격려한다.

⑥ 발표를 못하는 사람을 이끌어 준다.

⑦ 다양한 의견을 이끌어 낸다.

⑧ 서로 다른 의견을 비교하도록 한다.

⑨ 의견의 차별성을 아이디어로 창출시킨다.

⑩ 발표 자료를 정리한다.

　토론에서 무엇보다 중요한 것은 토론에 참가하는 사람의 적극적인 자세와 참가자들을 적극적으로 발표하도록 유도하는 리더의 역할이다. 리더는 참가자와의 적극적이고 긍정적인 소통을 통해 참가자가 편안하게 발표할 수 있도록 이끌어야 한다.

　발표를 잘하는 사람은 격려하고 못하는 사람은 발표를 하도록 유도하는 조정자의 역할이 필요하다. 따라서 발표시간이나 기회는 참가자에게 동일한 시간과 기회를 주어야 한다. 발표를 잘하는 사람에게 일방적으로 시간과 기회를 주면 다양한 의견을 도출시킬 수 없기 때문이다.

토론에서의 소통

생활에서 토론은 중요하다. 원만하게 다양한 문제를 해결하는 방법은 이해관계자와 상대의 관점에서 토론으로 교류한 소통 방법이다. 자신의 입장과 상대의 입장을 비교하여 문제점을 단계적으로 해결하는 방식이다. 서로 다른 입장의 차이를 한 번에 해결할 수는 없다. 소통을 통해 쉽고 간단한 것부터 하나씩 해결해야 한다.

토론은 자유로운 대화 토론과 정해진 주제 토론으로 구분된다. 토론으로 문제를 해결하는 방법은 원만하게 교류되는 소통에 있다. 대화를 이끌어 가는 사람과 대화에 이끌려 가는 사람의 차이는 리더십 여부에 있다. 상대를 배려하는 사람은 토론의 리더십으로 대화를 이끌어 간다. 그렇다면 소통이 안 되는 이유는 무엇일까?

① 자신만의 생각을 주장한다.

② 타인의 입장을 무시한다.

③ 자신의 이익만을 추구한다.

④ 타인의 피해를 무시한다.

⑤ 자신의 미래만을 생각한다.

⑥ 타인의 미래에는 관심이 없다.

⑦ 상대 의견에 관심이 없다.

⑧ 자신의 생각과 다르면 무시한다.

⑨ 지나치게 고집과 아집으로 대화한다.

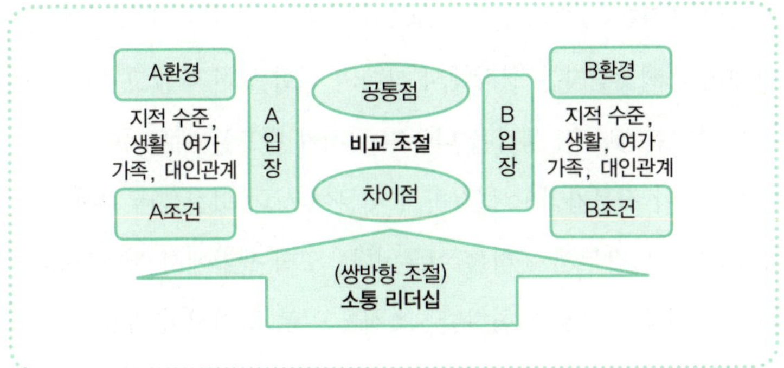

⑩ 상대를 무조건 무시하는 습관이 있다.

서로 생각이 다른 것은 입장이 다르기 때문이고, 조건이나 환경이 다르기 때문이다. 소통 리더십은 서로의 입장에서 생각하고 교류하는 쌍방향적인 조절 능력으로 같은 관점에서 해결하려는 노력이다.

생각을 나누지 못하는 이유

"어떻게 생각한 것인데….".

"내가 말하면 빼앗기는 것인데….".

하나의 생각으로 문제를 해결하는 것보다 다양한 생각으로 문제를 해결하는 것이 빠르지만, 자신의 생각이 옳다고 판단하면 다른 사람의 생각을 들으려고 하지 않는다. 깊이 생각한 자신의 생각을 상대에게 빼앗긴다는 생각에서 상대와 대화를 하지 않고 독단적으로 행동하는 것들이 생각을 나누지 못하게 만드는 이유이다.

자신만이 전문가라고 생각하기 때문에 상대 의견을 무시하는 경우도 생각을 나누지 못하는 이유이다. 조직 생활에서 독단적인 생각이나 행동은 가장 위험하다. 조직은 공동체 의식이 필요하며 공동체는 서로 다른 생각을 모아서 공존공생의 방법을 찾아가는 나눔의 조직이다.

"남자는 입이 무거워야 한다!"

어려서부터 남자는 필요 이상의 말을 하지 말라는 교육을 받는다. 남자는 입이 무거워야 한다는 것은 대인관계에서 상대에게 들은 이야기를 함부로 전달하거나 과대 포장하여 심각한 문제를 농담식으로 가볍게 이야기하지 말라는 의미이다.

"함부로 말하지 마!"

상대에게는 치명적이고 감정을 자극하는 말을 쉽게 말하는 경우에 경고하는 말이다.

"혹시 이 말이 상처가 될까?"

친할수록 상대에게 말을 조심한다. 상대에게 상처가 될지도 모른다는 노파심 때문이다. 친할수록 거리감 없이 대화를 나눌 때 친숙함이 깊어진다. 서로의 생각을 나눠 상대에 대한 배려와 이해를 할 수 있는 기회가 많아지기 때문이다.

상대 입장에서
생각하라

"무엇이 불편하지?"

"다양하게 사용하는 방법은 무엇이지?"

21세기 경쟁력은 특허전략이라고 한다. 특허상품은 상대방 입장에서 어떻게 하면 편리하고 다양한 기능으로 사용할 수 있을까에 대한 해결 방법을 찾는 것이다. 이것을 '아이디어'라고 말한다. 상대 입장을 생각할 때 대중적인 아이디어가 떠오른다. 상대방의 입장을 이해하려면 상대와의 조건 없는 대화가 필요하다.

"이 점에 대해서 생각해 봐!"

생각하는 범위를 정하여 한 가지 방법만을 질문한다면 상대는 의견이 다를 때 회피한다. 서로의 논쟁을 피하기 위해 질문하는 사람의 의견에 대해 무조건 좋다고 인정하게 된다.

"내 생각이 맞지?"

강압적으로 물어보면 상대는 조건 없이 맞다고 답하게 된다.

"어떻게 생각하지?"

조건 없이 상대 의견을 먼저 듣는 자세가 대화를 이끌어 가는 방법이다. 때로 자신의 의견을 먼저 말한다면 상대가 부담 없이 말을 하도록 유도해야 한다.

"나는 이렇게 생각해, 네 생각은 어떠니?"

질문 방향에 따라서 상대 의견을 존중하는 자세가 달라진다. 강압적으로 자신의 의견을 제시하는 방법과 자신의 의견에 대한 다른 의견을 청취하려는 자세는 다르기 때문이다. 소통은 쌍방향으로 교류하는 방법이기 때문에 원만한 소통을 위해서는 습관이 중요하다. 상대보다 자신을 먼저 생각하는 습관을 가졌다면 원만한 소통을 하기 어렵다. 습관적으로 자신의 생각을 주장하고 상대를 설득하거나 자신의 생각에 동참하도록 이끌어 가는 것은 올바른 소통 방법이 아니다.

생각의 차이가 경쟁력을 만든다

"나만 편하면 된다."

아무리 좋은 환경이라도 내가 불편하면 소용없다. 열악한 환경이라도 나만 편하면 된다. 내가 편하다는 것은 어디에 무엇이 있는가를 파악하고 있다는 것이다. 문제는 상대방의 입장에서 보기에 불편하고 공유하기가 어렵다는 점이다. 자신만을 생각하는 이기주의에 의한 행동이다.

"정리 좀 하고 살아라."

책상 정리가 안 되면 공부를 못하는 아이라고 말한다. 주변이 어지러워 마치 쓰레기장 같으면 생활이 안정되지 못한 아이이다. 자신의 물건을 비롯해서 주변 정리를 못하면 머릿속 또한 정리되어 있지 않은 경향이 높다. 복잡한 거리에서 자동차가 정지되어 있듯이 정리되어 있지 못하면 원만한 소통을 하지 못하게 된다.

책상이나 집안이 어지럽게 흩어져 있으면 어디에 앉아야 하는지 망설이게 된다. 같은 공간이지만 정리 정돈이 된 공간은 넓어 보이고, 여기저기 물건이 흩어져 있으면 좁은 공간으로 보인다.

두뇌 공간은 한정된 공간이다. 눈에 보이는 생활공간을 정리 정돈하는 아이는 습관에 따라 두뇌 공간도 정리 정돈되어 있다. 어디에 무엇을 두었는지 쉽게 찾아서 사용할 수 있다.

이렇듯 행동이 두뇌 공간을 정리시킨다. 정리 정돈을 잘하는 사람과 못하는 사람의 차이는 습관의 차이에 있다. 깨끗하게 정리되면 오히려 불안감을 느끼는 사람이 있다. 어지러운 곳에서 여유를 가지는 습관이 정리 정돈을 압박감을 느끼게 하는 경우이다.

"치우지 마!"

작품 활동을 하는 사람은 여기저기 흩어져 있는 물건이지만 어디에 무엇이 있는지를 기억하고 있다. 흩어져 있는 공간에서 물건을 언제 어떻게 사용할 것인가를 기억하고 있기 때문에 정리 정돈을 하지 않는다. 쉽게 물건을 보고 사용하기 편하기 위한 정리 정돈의 방법이다.

"내 생각도 들어 봐!"

생각의 차이가 경쟁력을 만든다. 서로 다른 환경과 조건에서 서로 다른 방식으로 생활했기 때문에 같은 사물이나 사건이지만 서로 다른 생각을 하게 된다. 서로 다르게 보고 느끼는 생각의 차이가 서로 보지 못한 것, 생각하지 못한 것을 생각하게 만드는 요소이다. 상대 의견을 듣지 않는 습관을 가지면 원만한 대화를 진행하지 못하여 상대의 정보 또한 얻지 못한다.

상대 입장에서 생각하는 자세, 상대를 위한 배려가 편리하고 다기능적인 상품을 개발하는 아이디어가 되고, 생활상에 발생하는 문제점을 해결하는 아이디어가 된다.

창의적인 소통은 서로 다른 입장에서 생각하는 차이점을 찾아내어 공통점으로 만들어 가기 위한 교류이다. 서로 다른 점은 장점이다. 서로 다르기 때문에 대화할 수 없다는 부정적 사고방식이 경쟁력을 차단시키는 요인이 되고 있다. 상대방의 입장에서 생각하고

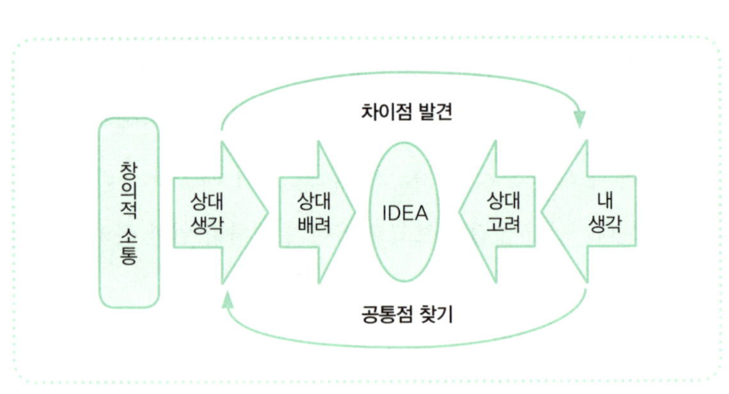

문제점을 배려하는 마음의 자세가 대화의 기본자세인 이유이다.
차이점을 찾아내어 공통점으로 만들어 가는 소통을 통해서 개인과
조직의 경쟁력이 창출된다.

토론을 통한 공통점 만들기

"서로 다른 점을 나열해 봅시다!"

다양한 의견을 체크리스트로 만들어 다른 점을 비교하는 과정에서 공통점을 찾는다. 다른 이유를 비교하면 같은 점이 나타난다.

"아하! 이것이 문제이었구나."

서로 다른 점이 문제의 요인으로 나타난다. 같은 생각만 한다면 공통점의 경쟁력을 만들지 못하고 단순한 공통점으로 마무리하게 된다.

"같은 생각이야."

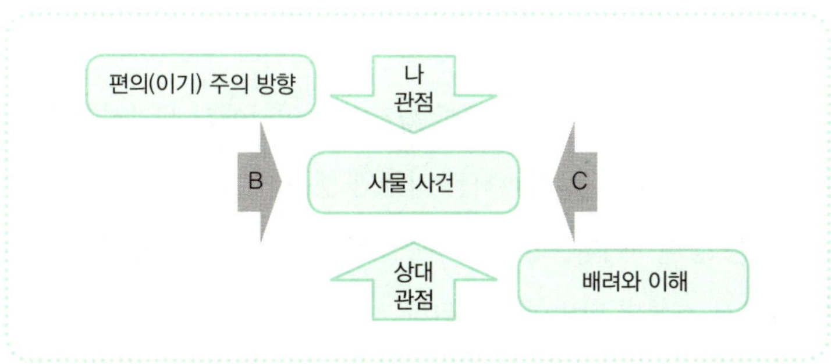

생각을 하고 싶지 않거나 상대와의 대립을 피하기 위해 같은 생각이라고 동의하는 경우가 많다. 서로 다른 관점에서 문제를 분석하지 못한다면 하나의 방향에서 문제점을 보기 때문에 보지 못한 세 개의 방향이 지니고 있는 문제점을 파악하지 못하게 된다.

사물이나 사건은 4개의 방향(동서남북)과 4개의 문제점(찬성, 반대, 동의, 비판)을 가지고 있다. 자신의 위치에서 보이지 않는 3개의 방향과 3개의 문제점을 해결하지 못하면 아이디어를 창출하기 어렵다. 창의적 소통을 통한 경쟁력을 창출하기 위해서는 상대 입장에서 보고 느끼는 배려와 이해가 필요하다.

상대 입장에서 바라보라

서산 몽돌해변을 지나 황금산을 올라 해변을 가면 코끼리 바위가 있다. 어느 위치에서 보는가에 따라서 코끼리 모습을 정확하게 볼 수 있다. 정면이나 좌측으로 돌아가면 코끼리 모습을 보지 못한다. 많은 사람들은 코끼리 바위를 보기 위해 해변을 찾고 있다. 이처럼 자신이 보기 편한 위치에서 바위를 보면 코끼리 모습을 찾지 못하듯이 상대 입장에서 혹은 대중이 생각하는 입장에서 생각하고 문제점을 이해하고 때로는 배려하는 자세와 행동이 필요하다.

소통은 상대적이다. 상대가 누구인가보다 상대가 있는가 없는가에 따라서 소통의 방법이 결정된다. 좋은 소통은 상대에 따라 대화

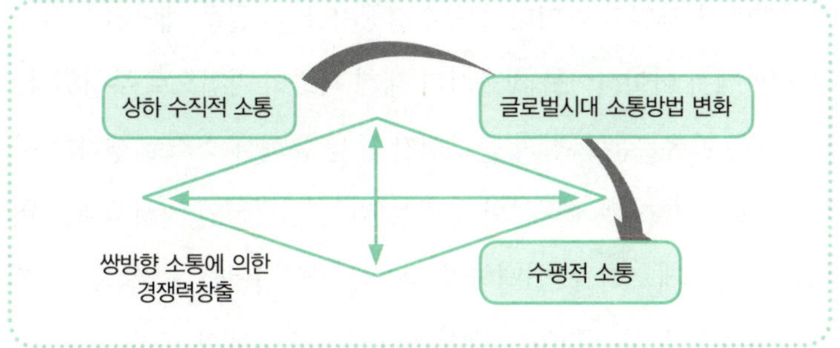

방법을 달리하는 것이다. 유치원생에게 대학 강의를 한다면 유치원생들이 이해할 수 없고 대학생들에게 유치원생에게 대화하듯이 한다면 대학생들은 외면하고 말 것이다.

따라서 소통을 할 때는 상대 입장을 고려하여 상대에게 적합한 방법을 선택하는 노력이 필요하다. 평소에 대화하듯이 자신의 입장만 생각하고 상대와 대화하려 한다면 상대에 따라서는 대화를 거부할 수도 있다.

"이해되죠?"

강압적인 방법보다는 이해되도록 노력하는 대화 자세가 중요하다.

야후와 구글의 사례에서 찾은 조직문화의 해답, 소통

인터넷시장을 지배해 왔던 야후가 구글에게 패한 이유에는 조직원의 다양한 의견을 존중하는 소통 방식에 있다. 야후는 정해진 조직생활에서 사원의 아이디어를 수집했지만, 구글은 개방된 자유로운 생활에서 아이디어를 창출시켜 세계 최고의 기업으로 부상했다.

구글은 자유로운 복장과 근무시간 등을 통해서 스스로 생각한 아이디어를 교류하는 조직문화를 만들었다. 일방적인 지시체계를 버리고 자유롭게 스스로 선택하여 생각한 아이디어를 제안하는 소통 문화에서 틀에 없는 다양한 발상을 하도록 유도했던 것이다.

지시와 명령은 획일적이고 신속한 특징이 있다면, 수평적 소통에 의한 자유로운 선택은 스스로 책임지는 쌍방향적인 소통을 중요시하기 때문이다. 언제든지 서로 필요한 정보를 교류하고 서로 다른 차이점을 공통점으로 만들어 기업의 차별성을 창출시켰다.

수직적 소통은 자신의 말만 통고하는 방식이다. 기업은 수직적 소통 방식에서 수평적 소통 방식으로 변하고 있다. 따라서 조직계층을 단순화시키고 있으며 부서별 팀장제도를 확산하고 있다.

"홍길동님?"

삼성은 직급의 호칭(과장, 부장)을 부르지 않고 모든 사원이 '님' 자로 통일하여 부르는 전략을 추구했다. 수직적 소통체계에서 수평

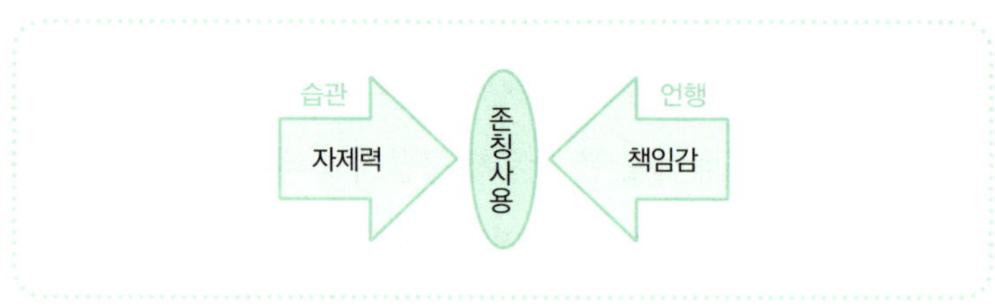

적 소통체계로 원활한 정보교류체계를 확립하여 경쟁력을 창출하기 위함이다. 상대에게 존칭을 사용하는 것은 존댓말을 사용하는 것과 같다. 소통은 동등한 조건에서 자유롭게 자신의 생각을 교류해야 한다. 상대 눈치를 보거나 경계를 한다면 올바른 소통을 할 수 없다. 친구 간에 대화가 자연스러운 것은 서로가 부담을 느끼지 않기 때문이다. 서로를 존중하는 경칭을 사용함으로써 상대 의견을 존중하는 분위기를 만드는 것이 필요하다.

상대는 거울이다

흔히 가장 가까운 것을 보지 못하는 것이 인간이라고 한다. 눈과 눈 사이를 보는 사람은 없다. 자신의 몸에서 가장 가까운 곳을 인간은 보지 못하고 먼 것을 보고 본 대로 말을 한다. 자신이 보지 못하는 것을 보려는 노력하는 사람이 성공한다. 상대는 자신이 보지 못하는 것을 보고 말해 주는 거울이고 멘토이다.

필자가 중국에서 가장 먼저 배운 단어는 '관시'라는 말이다. 관계를 중국어로 부르는 단어로, 중국인의 성공 기준이 인간관계에 있음을 말해 준다. 얼마나 많은 다양한 인간관계를 가지고 있는가에 따라서 성공의 기준이 된다는 말에 흥미가 생겼다.

"다양한 인간관계라면 무슨 말이에요?"

"깡패에서 수상까지 다양한 계층의 친구 관계, 인간관계를 말해요."

중국이 대국이라고 하지만 인간관계에서 직업이나 계급 등을 구분하지 않는다는 말에 호기심이 높아졌다.

"그럼 친구 관계에서는 구별이 없어요?"

"예. 다양한 친구가 많으면 행복한 사람이죠."

다양한 직업이나 계층에서 친구를 가지고 있다면 성격이나 능력이 모나지 않고 상대와 잘 어울리는 사람일 것이라고 생각했다. 가만히 생각해 보니 중국인들이 생각하는 인간관계가 올바른 생각이라고 판단했다. 다양한 거울을 통해 내 모습을 볼 수 있는 기회가 많을 것이라는 생각에서였다.

거울에는 오목거울과 볼록거울이 있다. 평면거울과 입체거울도 다른 모습으로 비춰진다. 이처럼 사람도 긍정적인 사람과 부정적인 사람, 적극적인 사람과 소극적인 사람으로 구분된다. 다양한 친구가 있다면 다양한 관점에서 자신을 비춰 볼 수 있다. 자신을 긍정적으로 평가해 주는 친구가 있다면, 부정적으로 평가하는 친구도 필요하다. 긍정과 부정을 비교하면서 자신의 문제점을 정확하게 파악할 수 있기 때문이다.

칭찬할 요소를 찾아라

칭찬받는 사람과 칭찬하는 사람이 있다. 나는 칭찬받는 사람일까? 아니면, 칭찬을 하는 사람일까?

주변에서 나를 어떻게 칭찬하고 있는가를 정확하게 파악할 필요가 있다. 칭찬을 받지 못한다면 자신의 문제점을 파악하여 칭찬받을 준비를 해야 한다. 그리고 칭찬을 하지 못하고 있다면 칭찬하는 방법을 배워야 한다.

칭찬을 잘하는 사람은 상대의 장점을 파악한다

"어쩌면 이렇게 잘하지?"

"제목도 좋고 내용도 좋고…."

"짧은 시간에 이렇게 만들다니!"

"학창시절 장학생이 다르네."

"발표까지 잘했어요."

"목소리가 구슬 같네."

"자신감이 넘쳐 보여요."

칭찬을 잘하는 사람은 상대가 어떤 조건을 지니고 있든 모든 것을 칭찬의 소재로 만든다. 상대를 기쁘게 만들어 주는 재주가 있어 부정적 요소도 긍정적 요소로 바꾸어 칭찬한다.

평소의 단점을 장점으로 칭찬하는 방법은 긍정이다. 단점을 취약점으로 보지 않고 그 사람만의 특성으로 인정해 주는 것이다. 결점을 장점으로 바꿔 주는 방법이다. 예를 들어, 어느 사람에게는 까만 피부가 단점이지만 까만 피부를 장점으로 만들어 다른 사람과의 특성을 차별성으로 만들어 주는 방법이 있다. 다른 사람이 지니고 있지 못하기 때문에 차별성이 될 수 있다는 방법으로 경쟁력으로 만들어 주는 방법이다.

칭찬은 말보다 행동이 중요하다

"수고 많으셨습니다."

정년을 마치고 퇴직하는 사람들이나 조기 명퇴를 하는 사람이나 몸담아 활동했던 조직원으로부터 노고에 대한 칭찬을 받는 것을 좋아한다.

"그동안 내가 인정을 받았구나!"

퇴직하는 날에 아무도 업적에 대한 칭찬을 하지 않는다면 그동안 살아온 일들에 대한 존재감에 회의를 느끼게 된다. 퇴직자에게 명예나 수고에 대한 포상을 하거나 표장, 기념패 등을 증정하는 것도 칭찬의 방법이다.

"엄마, 사랑해요."

자녀의 한마디 말에 피로가 눈 녹듯 사라지는 이유는 아이의 칭찬이기 때문이다.

"할머니, 고생하셨어요."

"자녀들 곱게 키우고 성공시켰으니 보람이 있죠?"

노인에게 칭찬은 활력소가 된다. 아이나 노인이나 칭찬은 모두에게 활력소가 되고 존재감을 느끼게 만드는 에너지원이다. TV에서 자신이 존경하는 사람에게 감사장을 주는 것은 보는 이에게 감동을 만든다. 사랑하거나 존경하는 부모님이나 스승, 주변 사람에게 공개적으로 방송을 통해서 감사장이나 기념패를 증정함으로써 영원한 감사를 표시하는 것은 칭찬의 극찬의 행동이다.

"사랑합니다."

"고맙습니다."

부모에게 자녀가 '뽀뽀'를 하는 것은 행동의 칭찬이다. 사랑과 감사를 행동으로 표시하는 기념패나 감사의 글은 영원히 남아 있는 칭찬의 표시이다. 기념으로 남는 칭찬이 영원히 기록되어 칭찬하는 사람이나 받는 사람은 기념품을 볼 때마다 기억을 떠올린다.

"참 잘했어요."라는 선생님의 도장을 기념으로 벽에 걸어 놓고 아침저녁으로 바라보는 학생은 감사하는 마음으로 하루 종일 만나는 사람에게 감사를 표시하기 때문에 감사의 마음으로 상대와 소통한다. 이처럼 좋은 소통은 칭찬이다.

무엇을 어떻게 칭찬할 것인가?

칭찬하지 못하는 이유에는 칭찬하는 방법을 모르기 때문인 경우가 많다. 갑자기 누구를 칭찬하려 한다면 어딘가 쑥스럽고 낯이 뜨거워지는 이유는 칭찬하는 방법을 모르거나 칭찬하는 습관이 없기 때문이다.

"어떻게 칭찬을 하지?"

공부를 잘했다는 칭찬은 당연한 칭찬이다. 학생이 공부를 하는 것은 의무이기 때문이다. 단순히 공부를 칭찬하는 것보다는 구체적으로 잘한 내용을 칭찬하는 것이 자녀의 생각을 깊고 넓게 만든다.

"복잡한 것 같은데 쉽게 풀었네?"

"궁금한데 설명 좀 해 줄 수 있니?"

자녀의 학구열을 높이는 방법은 구체적으로 학습한 방법을 이야기하는 칭찬 방법이다.

"지난번 것보다 잘 만들었다!"

"어떻게 만든 거야?"

자녀가 다양한 방법으로 생각하도록 유도하는 칭찬이 다양성을 키운다. 잘했다는 칭찬보다 구체적으로 어떤 방법으로 만들었는가를 설명하게 유도하여 자녀와 소통하는 방법이다. 구체적인 칭찬은 자녀나 상대와 소통하는 방법이다.

"어떻게 해결한 거야? 나도 알고 싶은데 설명 좀 해 주게."

"어떻게 요리했기에 이렇게 맛있지? 가르쳐 주면 배우고 싶어!"

"지난번보다 잘 만들었네! 비결 좀 가르쳐 줘."

"이대로 하면 세계적인 디자이너가 되겠어!"

구체적으로 칭찬 내용을 말하면서 미래 가능성을 제시하는 칭찬이 올바른 칭찬의 소통 방법이다. 칭찬하고 끝나는 것보다 칭찬을 통해 상대와 대화하는 방법을 찾아가는 것이 필요하다.

칭찬은 과거칭찬과 현재칭찬, 미래칭찬으로 칭찬 시점이 구분된다. 지나온 것에 대한 칭찬과 현재 시점에서의 칭찬은 과거현재형이지만, 칭찬은 미래지향적인 칭찬이 중요하다. 미래발전가능성을 칭찬함으로써 지속적인 발전을 할 수 있게 만들고 꿈과 비전에 대한 확고한 노력을 하게 만든다.

맹목적인 칭찬은 독이 된다. 칭찬할 뚜렷한 명분이 없는 칭찬은 분위기를 이끌거나 기분을 조절해 주는 일시적이고 즉흥적인 칭찬이기 때문에 지나치거나 근거 없는 과대포장을 하면 칭찬은 오히려 독이 될 수도 있다. 따라서 칭찬하는 것보다 중요한 것은 칭찬하는 자세이고 방법이다. 칭찬 자세가 잘못되면 비웃음을 살 수 있다.

번호	칭찬요소	칭찬방법
1	직접칭찬	잘했어요?
2	간접칭찬	어떻게 이렇게 잘해요?
3	극찬칭찬	누구도 흉내 내지 못해요.
4	반응칭찬	언제부터 잘했어요?
5	반문칭찬	어떤 방법이죠?
6	호칭칭찬	부장님 최고입니다.
7	감탄칭찬	신의 손입니다.
8	비유칭찬	한국의 에디슨입니다.
9	소유물칭찬	넥타이가 너무 멋져요.
10	비전칭찬	세계적 CEO가 되실 것입니다.

칭찬을 받고 자란 아이는 성공확률이 높다

학교 등굣길이 즐거운 아이들에게는 공통점이 있었다. 학교 정문에서 만나는 아이들이 웃으며 즐겁게 친구들과 어울리는 아이는 아침에 부모의 칭찬이나 '뽀뽀'를 받은 경우가 많다.

"아들, 딸, 오늘도 좋은 아침!"

엄마로부터 매일 듣는 인사말이지만 하루 종일 머리에서 맴돌면서 '즐거운 하루'라는 생각을 하게 된다. 좋은 하루가 되기 위해 무엇을 할 것인가를 스스로 판단하고 행동하기 때문이다. 친구와 다툼이 생기면 좋은 아침의 기분을 유지하기 위해 한 번쯤은 더 생각하고 행동하게 되기 때문이다.

"오늘은 싸우지 마라!"

칭찬보다는 잔소리와 같은 말을 듣는 아이는 싸우지 말라는 기억에서 자신도 모르게 싸우게 된다는 심리적 현상이 있다. 같은 말이지만 긍정으로 바꾸어 칭찬을 하면 스스로 자제력이 생긴다. 그리고 칭찬받는 아이는 칭찬을 받기 위하여 더 노력한다.

"1점만 높이면 1등이 되는 거니 더 노력해!"

라는 강요나 압박보다는 칭찬으로 노력하게 만드는 것이 중요하다.

"엄마, 아빠는 너를 믿는다!"

자녀를 믿어 주는 칭찬이 필요하다. 조급하게 밀어붙이면 아이는 숨이 막힌다고 느끼기 때문이다. 믿어 주는 부모, 칭찬하는 부모에게 자녀는 믿음을 주기 위해 노력하게 된다.

이와 마찬가지로, 조직에서도 상사가 직원을 믿어 주는 것은 업무적 효과를 높인다. 칭찬받는 직원, 칭찬하는 상사가 함께하는 조직이 업무적 효율성이 높은 것은 세계적인 추세이다. 직원의 실수를 문책하는 것보다 잘못된 부분을 해결하는 기회를 주는 칭찬 방법이 업무적 효과를 높이고 있다. 칭찬이 업무 효과를 높이는 이유는 칭찬을 받기 위해 노력하기 때문이다.

어느 장미 화원에서 있었던 일이다. 매년 폭등하던 장미 값이 폭락하게 되었다. 장미 값이 비싸다는 이유로 많은 농가에서 장미 농사에 막대한 자금과 노동을 투자했기 때문에 가격이 폭락한 것이었다. 이에 화가 난 농부는 장미 화원에서 물을 주면서 장미꽃에게 화풀이를 했다.

"이 망할 놈의 장미! 비료 값은커녕 물 값도 안 나온다. 빌어먹을!"

농부는 매우 화가 나서 소리를 지르며 더운 날씨에 장미에게 물을 주면서 계속하여 화를 냈다. 같은 날 다른 화원의 농부는 전혀 달랐다.

"장미들아, 오늘도 날씨가 더우니 너희들도 덥겠구나. 장미 값은 떨어졌지만 나는 너희들이 있어 고맙구나!"

서로 다른 말을 들은 장미들은 반응하기 시작했다. 주인의 화를 들은 장미들은 그날 이후 점점 시들어 갔지만, 칭찬을 들은 장미들은 더욱 싱싱하게 자랐다. 시든 화원 농장은 부도가 났지만, 싱싱한 장미로 성장한 농장은 폭락한 장미 값에도 우수한 품질로 수익이 창출되었다. 식물도 칭찬을 받고 반응한다는 것을 위의 사례에서 알 수 있다.

소나 돼지, 말을 키우는 곳에 잔잔한 음악이 나오는 이유는 아름다운 음악을 들은 젖소의 우유가 질이 높아진다는 실험 때문이고, 고기 맛이 부드러워진다는 실험 때문이다. 식물이나 동물도 칭찬을 받으면 우수한 품질로 성장한다.

한동안 칭찬은 고래를 춤추게 한다는 말이 유행했다. 칭찬은 인간만이 아니라 모든 생명체에게 에너지를 주는 행복 바이러스이다. 칭찬받은 아이가 칭찬받기 위해 노력하는 것은 장미꽃이 반응한 것과 같다.

동·식물은 외부적인 조건이나 영향에 따라서 반사적으로 반응한다. 부정적인 영향에서는 부정적으로 반응하지만, 긍정적인 영향에서는 긍정적인 반응으로 줄기가 튼튼하고 향기가 짙은 식물로 성장하고 동물에게서도 영양가 높은 우유나 육질로 나타난다.

소통에서는 차별화가 중요하다. 언어나 칭찬, 행동이나 습관 등의 다양한 분야에서 차별화가 소통의 방법이 되고 있다. 수많은 상점이나 상품, 영업사원의 능력은 차별성에서 구분된다.

원활한 소통은 멘토에 의하여 잠재된 개인의 차별성을 이끌어 낸다. 이에 앞서 칭찬은 멘토의 역할이다. 어떻게 칭찬할 것인가의 방법에는 칭찬의 시점이 중요하다. 따라서 멘토는 멘티가 어떤 순간에 칭찬에 감동할 것인가의 분위기를 만들어 가는 것이 중요하다.

인사말의 차별화

매일 만나는 사람이지만 매번 다른 인사말을 주고받으면 기분이 좋다.

"상쾌한 아침입니다."

"기분 좋고 화려한 아침입니다"

"활기차고 쾌청한 아침입니다."

맑은 아침에 나누는 다양한 인사말이 상대를 상쾌하고 화려하고 쾌청한 아침으로 만들어 주는 것이다. 날씨를 꽃과 비교하여 매번 새로운 꽃으로 인사를 하는 경우도 있다.

"해바라기 아침입니다."

"장미꽃 아침입니다."

"라일락 아침입니다"

아침마다 새로운 꽃 이름을 들으면 하루 업무를 꽃향기에 취해서 활동하게 만든다.

회기역 매표소에는 매일 다른 인사말로 고객들과 인사를 나누는 직원이 있다. 같은 전철을 타면서 반복되는 인사말이지만 스쳐 가듯이 듣는 인사말을 듣기 위해 외대역에서 타는 사람도 일부러 회기역을 이용한다고 한다.

"오늘도 기쁜 하루 되세요!"

"상쾌한 하루 되세요!"

"활기찬 하루 되세요!"

"Have a nice day!"

"기쁘고 행복한 하루 되세요!"

"사랑스런 하루 되세요!"

"반갑습니다."

출근하는 시간에 웃음을 주고받는 인사말이 하루를 시작하는 샐러리맨에게는 기쁨과 희망을 준다. 인사는 만나는 순간 아무런 부담 없이 서로에게 안부를 묻거나 꿈과 희망을 나누기 위해 나누는 교류이다.

개성의 차별화

하얀 드레스 의상에 어눌한 말씨는 앙드레김의 트레이드마크이다. 아무 말을 하지 않아도 입은 옷에서부터 소통이 시작된다. 디자이너라는 직업과 전문가의 인상이 소통의 수단이 된다.

마도로스파이프를 물고 선글라스를 낀 장군이라면 맥아더장군을 연상하게 되는 것은 외모를 통한 개성 때문이다. 빨간 넥타이나 스카프를 즐겨 매면 그 사람의 트레이드마크가 된다. 빨간 스카프에 빨간 스포츠카를 탄 여성을 보면 열정을 느끼게 만드는 것과 같다. 이처럼 개성은 대화를 하기 전에 상대에 대한 스토리를 상상하게 만든다.

소통의 방법에는 언어와 행동, 의상과 표정이 있다. 개성은 언어와 행동, 의상과 표정에서 나타난다. 독특한 어감이나 어순으로 말을 하면 개성적 이미지를 준다. 독특한 복장이나 행동에서도 개성을 암시한다. 남과 다른 말과 행동, 복장과 표정은 상대에게 강한 인상을 심어 줄 수 있다. 예의 바른 행동은 모범생이라는 인상을 주고 차분한 말씨는 겸손함을 암시하는 것과 같다. 대화를 하기 전에 상대를 보고 느끼는 개성은 평소에 준비된 소통 방법이다.

작은 목소리이지만 낭랑한 목소리에서 예의 있는 여성의 아름다움을 느끼면, 상대도 반사적으로 작지만 부드러운 목소리를 내게 된다. 강한 개성은 강한 이미지를 남기며 보이지 않는 소통의 분위기를 만든다.

"매력 있는 목소리입니다."

"감사해요."

대화 내용을 파악하기 전에 상대의 매력적인 목소리를 칭찬하면 자연스럽게 대화 내용도 부드럽게 소통하게 된다. 다양한 개성은 대화를 하기 전에 상대에게 강한 이미지와 메시지를 전달하는 소통의 수단이다.

능력의 차별화

워런 버핏의 점심 만찬은 비싸기로 유명하다. 그의 만남에 막대한 돈을 내고 만나고 싶어 하는 이유는 무엇일까? 경매를 통해 당첨된 사람들은 식사 한 끼에 2014년 기준 3억 6천만 원까지 가는 비용을 내고 기금은 자선단체에 기부하는 형식이지만, 워런 버핏과의 소통에서 귀중한 정보를 얻기 때문이다. 식사 시간에 소통을 하면서 얻는 정보가 막대한 돈을 기부할 만한 가치가 있다고 판단한 것이다.

"저 사람을 만나야 돼."

반드시 필요한 사람이라면 만나야 된다. 한 분야의 전문가라든가

특별한 기술이나 정보를 가지고 있다면 모두가 만나기를 원한다.

21세기는 정보시대이다. 누가 최고의 정보를 가지고 있는가에 따라서 경쟁력이 결정되는 시대이다. 정보를 가진 자와의 만남은 소통이다. 소통하는 자세와 방법에 따라서 짧은 만남 속에 귀중한 정보를 수집하고 분석하여야 한다.

각 분야의 전문가들은 정보통이다. 분야별 전문가가 가지고 있는 정보를 어떻게 자기 것으로 만들 것인가? 그것은 바로 소통하는 방법에 달려 있다. 정보 소통을 위해서는 분위기가 필요하다. 강의실에서 얻을 것인가? 전문가의 정보는 대화를 통해서 소통하는 방법에 의하여 얻는다.

같은 이야기를 들었지만 누구에게는 귀중한 정보가 되고 또 다른 누구에게는 지나가는 이야기가 되는 것은 듣는 사람의 자세와 능력의 차이이다. 결국 이야기하는 사람과 듣는 사람의 능력의 차이가 소통의 결과를 만든다. 서로가 공감하면 화자와 청자 모두에게 귀중한 소통이지만, 공감하지 못하거나 청자가 다른 생각에 있다면 화자의 정보는 가치를 창출하지 못한다. 따라서 능력이란 서로에 대한 관심이고 상대에게 대한 예의와 집중력에서 차이가 달라진다.

질문의 차별화

"이게 뭐예요?

라는 단순한 질문보다는

"어떻게 하는 거예요?"

라는 구체적인 질문이 상대의 관심을 얻을 수 있다. 무조건 모른다는 것보다는 어디까지는 알 수 있는데 어디부터 잘 모른다는 방식으로 관찰을 위해 어느 정도 노력했는가를 보여 주는 것이 필요하다. 무조건 모든 것을 가르쳐 달라는 것은 자신은 노력 없이 공짜로 얻겠다는 것처럼 보이기 때문에 올바른 질문이 아니다.

"여기까지는 이해가 되는데요?"

질문의 소통이다. 질문하는 자세와 질문하는 단어에 따라서 전문가의 반응이 결정된다. 전문가는 질문자에게 무엇을 구체적으로 제시할 것인가에 대한 관심을 가지고 있어 구체적인 질문을 원한다. 전문가에게 건방지다는 인상을 주면 정보를 주지 않는다.

"이 사람 건방지네?"

이러한 인상을 주면 필요한 정보를 얻기 어렵다. 전문가는 질문자의 노력에 따라서 어떤 정보를 줄 것인가를 결정하기 때문에 진지하고 솔직하며 겸손한 자세로 '어디에서 어디까지'라는 질문의 한계를 제시해야 한다. 무턱대고 무조건 가르쳐 달라는 것은 배우고자 하는 기본적인 태도가 준비되어 있지 않다고 판단하기 때문에 가르쳐 주지 않는다.

"선생님, 이 점은 이해가 되는데 이 부분이 잘 이해가 되지 않습니다. 이런 방법으로 해결을 해 봤는데 풀리지를 않습니다."

구체적인 질문에 문제점을 파악하고 해결하는 방법을 가르쳐 주게 된다.

"자네가 한 방법도 좋은 방법인데, 이 점이 해결이 안 될 것일세. 이럴 때는 이런 방법이 좋다고 보네."

언어의 차별화

언어는 소통의 예의이다. 어떤 단어를 어떻게 표현하는가에 따라서 상대를 편하게 만들기도 하고 불편하게 경계심을 자극시키기도 한다. 원만한 대화로 소통하는 사람은 상대 입장에서 편하고 친근하게 교류하는 사람이다.

"아가씨, 이것 좀 보세요?"

지나가는 사람을 부른 방법도 여러 가지이다. 아주머니의 낯익은 미소와 따뜻한 음성은 상대에게 호감을 준다. 그렇다면 호감을 주는 언어는 어떤 음색일까? 강하지도 약하지 않는 평범한 목소리이다. 마치 이웃집 아주머니와 같이 평범하면서도 친근한 음성이다.

같은 말이라도 상대를 편안하게 해 주는 사람이 있다. 상대를 편하게 해 준다는 의미는 상대 입장에서 말을 해 주기 때문이다. 어떤 사람은 말마다 가시가 들어 있어 듣는 사람을 불편하게 만들고 지나치면 공포감을 주기도 한다. 말이 거칠고 사나우며 따지듯이 묻기 때문이다.

때론 사투리가 소통 방식이 된다. 사투리를 적당히 사용하면 구수한 말이 되고 친근한 말이 되기도 한다. 지나치게 사투리를 사용하면 상대는 불편하지만, 중간에 양념처럼 사용하는 사투리는 듣는 사람을 편하게 만든다. 지방마다 다른 사투리가 순수한 시골 사람처럼 보이게 만드는 것이다. 말을 꾸미지 않고 가식이 없어 보이면 믿음을 주게 된다. 소통에서의 믿음은 중요하다.

"진짜지?"

말만 하면 꾸며서 진실을 알 수 없을 때 상대에게 질문하는 말이다.

21세기는 소통으로 아이디어를 내고 경쟁력을 창출하는 시대이다. 개인이나 조직, 기업이나 국가 등의 모든 경쟁력은 아이디어의 차별성에 있다. 한 사람의 생각만으로 경쟁력을 창출하는 시대는 지났다. 서로 다른 생각을 융합시키는 소통 방법에서 아이디어가 창출되고 있다.

서로 다르기 때문에 소통하기 어렵다는 방식은 부정적인 생각이다. 서로 다르기 때문에 경쟁력을 창출시킬 수 있다는 긍정적인 생각이 필요하다. 다르기 때문에 공존할 수 없다는 것에서 다르기 때문에 공생 공존할 수 있다는 사고방식으로 바뀌어야 한다.

소통은 서로 다른 것을 교류하기 위해 다양한 방법이 필요하다. 서로의 다른 점을 긍정적으로 '차별성'이라고 한다. 서로 다른 차이점이 있기 때문에 다양한 기능을 첨가하게 되고 다른 입장에서 편리하게 사용하는 방법을 찾게 된다.

"어떻게 만들었어요?"

"레시피(Recipe) 좀 보여 주세요."

같은 재료를 사용했지만 다른 맛이 나는 이유는 무엇일까? 숙련

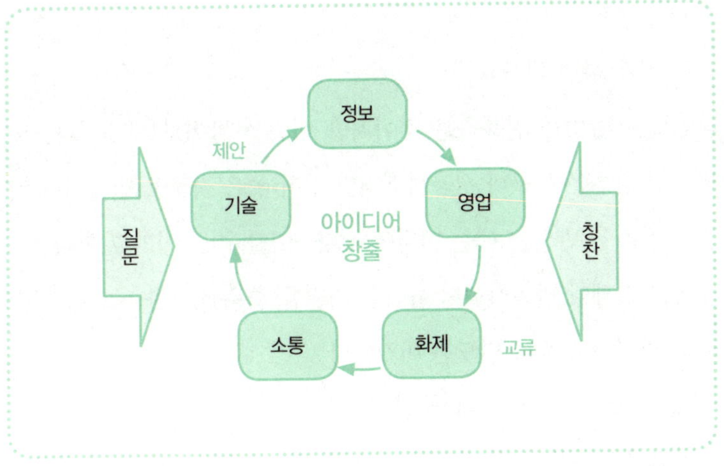

된 기술의 차이이다. 어떤 재료를 사용했으며 어떤 방법으로 어떻게 만들었는가에 대한 정보를 얻으려면 소통의 자세가 중요하고 소통을 위해 어떤 단어를 사용하는가에 따라서 상대 마음을 자극시킬 수 있다. 물어보는 사람이 고압적이고 거만하다면 상대는 올바르게 가르쳐 주지 않을 것이다. 따라서 커피를 제공하면서 차분하게 질문하는 자세와 배우고 싶어 하는 모습을 보여 주는 노력이 필요하다.

아이디어는 하루아침에 간단하게 만들어지는 것이 아니라 반복된 훈련이나 경험을 통해서 집중된 관심에 의하여 만들어지는 것이다. 따라서 상대의 아이디어를 얻으려면 소통하는 노력이 필요하다.

기술 아이디어

"어떻게 하면 되나요?"

만드는 방법을 질문하는 것이지만 비결을 물어보는 것이다. 일반적인 방법은 누구나 사용하겠지만 정작 좋은 작품을 만들거나 맛있는 음식을 만드는 데는 비결이 있다. 이를 '기술'이라고 한다. 오랫동안 실패를 반복하면서 습득한 기술은 좋은 작품을 만드는 기술이고 맛있는 음식을 만드는 비결이다.

"같은 방법으로 했는데 왜 안 되죠?"

방법이 같아도 다른 작품이 만들어지는 것은 기술적 차이 때문이다. 이를테면 시간이 길거나 짧아도 차이가 생기고, 양을 많이 넣어도 적게 넣어도 맛의 차이가 발생한다. 적당히 조절하는 능력이 기술이다.

"양념을 어느 정도 넣지요?"

조선시대 수라간 요리사들이 저울도 없이 양념을 대충 넣는 것을 보던 서양인이 물었다.

"대충 넣어요."

저울도 없이 손을 집어서 대충 넣는 것이지만 마치 저울에 달아서 넣는 것처럼 일정한 양이었다. 한국인의 '대충'은 서로의 소통에 의한 양이다. 저울을 이용하지 않아도 언제나 일정한 양이었다. 어떻게 일정한 양이 유지되는 것이었을까?

반복된 눈대중에 의한 손저울이었기에 가능했다. 손으로 짚으면 일정한 양이 유지되는 기술이 있었다. 서양인의 눈으로는 이해가 되지 않는 '대충'이라는 기준은 상황에 따라서 정확한 양으로 측정되었다.

반복된 훈련의 결과가 기술적인 아이디어가 되었다. 오랜 경험은 축적된 기술로 나타난다. 중요한 것은 관심을 가지고 기술을 습득했을 때 관찰하고 분석한 결과가 기술적 아이디어로 만들어지는 것이다. 아무런 생각도 없이 단순하게 반복하는 작업은 좋은 기술이 될 수 없다. 관심을 가지고 집중할 때 뇌에 기억된 행동이 '대충'이라는 기술을 만든다.

"이 정도 넣으면 되나요?"

저울에 달아 무게를 측정하여 사용하는 사람보다 경험에 의하여 습득된 기술에 의하여 대충 넣는 소통의 기술이다. 요리를 하든 작품을 만들든 간에 관심을 집중하면 습득된 기술에 의하여 '대충'이라는 측정저울이 자연스럽게 나타나게 된다. 결국 '대충'이라는 기술은 요리 재료나 작품 재료와 소통에 의하여 만들어진다.

요리사는 요리를 시작하는 단계부터 과정에 발생하는 모든 것에 대하여 기억하고 어느 때 무엇을 얼마나 넣어야 하는가를 판단하고 행동하는 것이 요리 기술이다. 눈으로 보고 귀로 듣고 코로 측정하면서 측정저울의 역할을 하는 것이 아이디어 기술이다. 재료와 소통하고 용기나 도구와 소통하며 어떻게 사용할 것인가를 집중하여 소통을 통해서 생각하기 때문이다.

요리사는 재료의 색깔이나 상태 등을 보면서 좋은 식자재인가를 판별한다. 어떤 재료를 어떻게 조리할 것인가를 판단하는 과정이 식자재와의 소통에 의하여 만들어지는 것이다. 기술은 모든 재료와 소통하면서 재료의 특징을 파악하여 사용하는 방법을 찾아내어 만들어진다.

정보 아이디어

"무슨 말인지 알았어!"

"무슨 말인지 도무지 모르겠어."

정보에는 상대성이 있다. 정보에 대한 지적 수준에 따라서 전달이 달라진다. 수많은 시간을 대화를 하고 토론을 하면서도 필요한 아이디어를 얻지 못하는 사람이 있고, 몇 마디 대화나 간단한 토론을 통해서도 귀중한 아이디어를 얻는 사람이 있다. 두 사람의 차이는 무엇일까? 바로 소통 자세와 방법의 차이가 아이디어의 차이를 만드는 것이다.

대화와 토론은 정보를 주고받는 마당이다. 상대 이야기에 어느 정도의 관심을 가지고 집중하는가에 따라서 정보의 가치는 달라진다. 아무리 고급 정보를 제공해 주어도 상대가 인정하지 않는다면 정보 가치는 사라진다.

정보 아이디어는 신뢰에서 만들어진다. 대화와 토론하는 상대에 대한 신뢰감을 어느 정도 가지고 있는가에 따라 정보 가치가 달라지는 것이다.

"믿을 수 없는 말인데….."

의혹을 가지고 상대를 보고 있다면 정보의 신뢰성이 없기 때문에 가치도 창출될 수 없다.

"놀라운 일이야, 어떻게 가능하지?"

상대를 믿고 신뢰하면 정보제공자는 최선을 다해 제공하게 된다.

"나를 믿어 주니 이것도 말해 줄게."

믿음을 전제조건으로 대화와 토론을 하면 대화와 토론 과정에서 귀중한 정보를 제공하게 된다. 일반적인 대화는 귀중한 정보를 제시하는 데 한계점을 가지고 있기 때문이다. 상대에게 믿음과 신뢰를 어떻게 보여 주는가에 따라서 상대는 어떤 정보를 제시할 것인가를 결정한다. 이처럼 진정성에 따라 교류되는 정보의 내용도 달라진다.

영업 아이디어

"자, 표를 받으세요."

소문난 삼계탕 집 앞에 긴 줄이 이어져 있다. 땡볕을 피해 그늘 쪽으로 손님들이 삼계탕을 먹기 위해 표를 받고 기다리고 있다. 건너편 삼계탕 집은 손님이 없어 바로 가서 먹을 수 있는데도 무더위에서도 줄을 서서 기다리는 이유가 무엇일까?

소문 때문이다. 다른 집보다 맛이 있기 때문이다. 두 집에서 삼계탕을 먹으며 무엇이 다른가를 비교해 보았다. 내 입맛에는 큰 차이가 없었다. 그럼에도 소문난 집의 비결은 무엇일까?

손님에 대한 서비스의 차이가 맛있는 삼계탕이라는 소문을 만들었던 것이다. 종업원들의 손님에 대한 작은 인사나 서비스에 따라 삼계탕의 맛도 달라진다. 불친절한 가게에서는 같은 값을 주고 먹고 싶지 않기 때문이다. 위의 사례에서 보듯 영업 아이디어는 손님에 대한 친절과 서비스에 대한 것이다.

손님은 작은 것에 만족하고 감동한다. 감동하는 손님은 음식의 맛에 대한 긍정적 생각을 하게 된다. 손님이 주문하기 전에 비워진 반찬을 가져다주는 작은 서비스가 감동하게 만드는 것이다. 끊임없이 손님에게 관심을 가지고 무엇을 서비스할 것인가에 대한 소통을 하는 업소는 번창한다. 이에 반해 손님과 소통하지 못하고 일방적으로 음식을 만들고 불친절하게 손님에게 대한다면 영업이 잘될 수 없다. 결국 영업 아이디어는 손님과 어떻게 소통할 것인가에 달려 있다.

"무엇이든 필요하시면 말씀하세요!"

음식점에 들어서자 종업원이 상냥하게 웃으며 말을 건네 오면 주문을 하기 전에 대접을 받는 느낌을 가진다. 손님은 차분히 생각하고 주문을 한다. 이에 반해 손님이 들어왔는지 쳐다보지도 않거나 주문서를 탁자에 던지듯이 내려놓고 간다면 주문을 하기 전에 기분이 상해 때로는 들어가자마자 다시 나가는 손님도 있다. 고객과 대화, 소통하는 자세와 방법이 아이디어를 만든다.

화제 아이디어

이야깃거리를 찾아라! 시대의 흐름은 이야깃거리를 만든다. 방송에서 인기가 있다면 누구나 관심을 가지게 된다. 해외 토픽 등은 신선한 이야깃거리이다. 방송이나 뉴스, 인터넷 등에서 유행하거나 화제가 된 내용을 신속하게 파악하면 화제 아이디어가 된다.

"쟤는 소식통이야?"

학창 시절 어느 반에나 소식통이 있다. 연예인 동향을 가장 빨리 파악하여 친구들의 관심을 자극시키는 학생이다. 항상 잡지나 인터넷 정보 등을 검색하기 때문이다.

"글쎄 새로 오는 담임이 총각이래."

"어떻게 알았어?"

"얘는 소식통이니 정확할 거야."

새로 부임하는 교사에 대한 신속한 정보를 어디서 얻었는지보다 어떻게 알았는지가 친구들은 더 궁금하다. 항상 화제를 이끌어 가는 학생은 사방에 관심을 가지고 관찰하고 분석하는 습관이 있다. 관심을 가지고 있기 때문에 사소한 이야기도 귀담아 듣고 작은 화제도 큰 화제로 만들어 친구들과 소통한다. 이처럼 이야깃거리를 만드는 아이가 인기가 높다.

'화제를 어떻게 만들까?' 하는 고민보다 '어떤 화제가 주변의 관심을 집중시킬 수 있을까?'를 생각하는 것이 화제 아이디어를 만드는 방법이다. 같은 소재이고 화제이지만 이끌어 가는 사람의 화술에 따라 흥미를 유발시키는 효과가 다르기 때문이다.

토끼와 거북이 이야기는 누구나 아는 이야기이다. 흥미를 유발시키는 아이는 토끼와 거북이 사이에 또 다른 동물을 등장시켜 이야기를 새롭게 만든다. 토기와 거북이 사이에 생쥐나 다람쥐 등의 새로운 동물을 통해 재미를 만드는 것이다.

소통 아이디어

"너무 재미있어요!"

말을 잘하는 사람보다 재미있게 말하는 사람이 인기가 많다. 재미있게 말하려면 상대의 눈높이에 적합한 소재를 바탕으로 서로 공감하는 이야기를 해야 한다.

"어머나, 그런 방법도 있네요?"

소통은 기술적 방법이나 남들이 생각하지 못한 아이디어를 제안하는 것에서 상대의 호감을 이끈다.

"전혀 생각하지 못한 기발한 생각이네요"

똑같은 방식에서 탈피하여 새로운 방향에서 생각하면 재미를 유발시킨다.

"어떻게 그런 생각을 했죠?"

놀라움은 공감이면서 감동의 표시이다. 단순한 이야기도 색다른 방법으로 이끌어 가는 것은 소통의 아이디어이다.

"먼저, 동영상을 보겠습니다."

재미있게 강의를 진행하는 방법으로 교육과 관련된 동영상을 보여 주면 교육생의 관심이 높아진다. 교육자와 교육생 간의 소통을 어떻게 할 것인가를 찾아가는 것도 소통의 아이디어이다.

기존의 사고방식에서 탈피하여 새로운 방향에서 생각하고 행동하는 방법은 상대의 관심을 이끌어 가는 소통 방식이다. 똑같은 이야기보다는 새로운 이야기로 바꾸어 상대의 관심을 자극시키는 소통 방법은 상대에 따라서 다르게 제시되어야 한다. 연령이나 지식 수준 등을 고려하여 상대의 관심을 자극시키는 방법이 필요하다.

소통의 핵심은 관심 유도이다. 상대의 관심이 무엇일까를 정확하게 파악하여 상대가 원하거나 필요한 정보를 제공하는 소통 방식이다.

최고의 리더는 사람의 마음을 움직인다

세계를 움직이는 리더의 9가지 소통법

인터넷은 생활의 일부가 되었다. 스마트폰은 인터넷을 통해 실시간으로 지구촌의 모든 정보를 받아 볼 수 있다. 카톡은 서로의 생각을 빠르게 소통하는 수단이 되고 있다. 이제 정보는 소유물이 아니라 공유물이 되었다.

"나만이 알고 있다."

자신만이 알고 있다는 주장은 인정하지 않는다. 누구나 관심을 가지면 모든 정보를 쉽게 얻을 수 있다. 이를테면 프랑스를 비롯한 모든 박물관에 전시된 것을 인터넷을 통해 볼 수 있으며 세부적인 정보도 파악할 수 있다. 또한 육아에 대한 모든 정보가 공개되어 있으며 같은 또래의 아이를 키우는 엄마까리 서로의 문제를 교류하면서 올바른 교육 방법에 대한 정보를 공유하고 있다.

"싸고 질 좋은 육아용품 직거래 정보!"

인터넷은 실시간으로 수많은 정보가 교류되고 있다. 자신이 체험하고 경험한 다양한 정보가 실시간으로 공개된다.

"육아교육책 필요하신 분에게 무료로 드립니다."
"우리 아이에게 필요 없는 장난감 드립니다."

"k사 제품에 문제 있어요. 우리 아이가 다쳤어요."

"p사 제품이 유해성 논란입니다."

"S사 제품, 이렇게 사용하면 좋아요!"

"이런 방법으로 해결했어요."

서로 모르는 사이이지만 같은 관심사를 공감하여 정보를 제공하는 시대이다. 자신만이 알고 있다는 방식보다는 서로 공유함으로써 새로운 방법을 찾아가는 정보소통시대이다. 이렇듯 미래는 정보 공유를 통해서 새로운 것을 만들어 간다. 각자의 경험을 공유함으로써 서로가 생각하지 못한 정보 교류를 통해서 새로운 생각을 만들어 가는 시대이다.

정보 소통은 교류이다

교류는 서로 주고받는 거래이다.

"좋은 생각입니다."

"좋은 말씀 감사합니다."

인터넷을 통해 서로의 경험을 교류하며 나누는 인사말이다. 알지 못하는 사람끼리 서로 공감하는 소재에 대해 공유함으로써 상대에게 도움을 주었다는 만족감을 얻는다.

"감사합니다."

감사의 말 한마디를 들으며 조건 없는 교류에 만족한다. 조건 없는 교류는 불만을 말하지 않는다. 자신의 경험을 제공하는 것만으로 만족하는 경우도 있다. 상대에게 도움이 된다고 생각하고 자신과 같은 실수를 하지 않도록 도와주었다는 데 만족하기 때문이다.

"도움이 되었습니다."

거래는 조건에 따라서 만족도가 다르다. 인터넷상의 정보 교류는 조건이 없기 때문에 인터넷에 공개하는 것으로 만족한다. 그래서 블로그나 카페에 자신의 경험이나 정보를 조건 없이 올린다. 많은 사람들이 보고 퍼가기도 한다.

"좋은 정보 얻고 갑니다."

이름도 얼굴도 모르는 사람이지만 간단하게 남긴 문자를 보며 만족한다. 이러한 정보는 교류를 통해서 새로운 정보로 발전하기도 한다. 한 사람이 올린 글을 보고 수많은 사람이 자신의 생각과 경험을 올리면서 작은 정보가 커다란 정보로 신장되는 것이 인터넷의 정보 마당이다.

독점하던 정보가 교류를 통해 공유하는 정보로 확산되고 있다. 유아 정보를 비롯하여 지역 정보, 교육 정보, 시장 정보, 투자 정보 등의 무수히 많은 정보가 교류를 통해서 새롭게 만들어져 가는 시대이다. 인터넷의 소통은 생활 환경과 교육 환경을 하나의 공간에서 교류하며 공존하고 있다. 정보는 공존을 만든다.

변별력이 필요한 인터넷 정보

"이 대리, 카톡으로 보낸 거 가져왔나?"

"예, 출근길에 가져왔습니다."

회사 업무가 카톡이나 매일을 통해서 실시간으로 정보를 교류하면서 공존하는 방법으로 부각되고 있다. 별도의 비용을 지불하지 않고 무료로 서로가 정보를 실시간으로 교류하면서 업무의 효율성 또한 높아지고 있다. 혼자서 처리하던 업무를 서로 협력하면서 해결하는 시대이다.

"오 대리, 과장님이 지시한 내용 이해가 안 되는데 무슨 뜻이지?"

출근하기 전에 업무상 모르는 문제를 동료들과 소통하면서 쉽게 회의 자료를 만들거나 상사의 지시 내용을 파악하여 준비할 수도 있다. 동료에게 도움을 받지 못할 때는 인터넷을 통해서 사전에 정보를 수집·분석할 수 있다.

"박 과장, 이거 정확한 정보인가?"

"예, 이 대리가 조사해 온 자료입니다."

"이 대리, 이거 어디서 수집한 정보인가?"

"예, 인터넷에서 수집했는데요?"

최 이사가 화가 났다.

"이봐, 인터넷에서 무작위로 수집한 자료로 내가 발표하라는 거야?"

지난번 최 이사는 직원이 작성해 준 자료를 그대로 발표했다가 망신을 당했다. 검증되지 않는 자료를 이사회에서 발표하여 공격을 받은 것이다. 부장은 과장이 작성한 통계자료를 참고로 작성했고, 과장은 대리가 작성해 온 보고서를 바탕으로 통계표를 작성하여 과장에게 보고했던 것이다. 문제는 대리가 수집한 통계자료가 인터넷상에서 쉽게 얻은 자료이었던 것이다. 공신력 있는 연구기관의 자료가 아니었다. 교수의 개인 자료를 확인하지 못하고 업무에 바쁘다는 생각에 인터넷에서 찾아내어 제시했던 자료가 신뢰성이 없었던 것이었다.

인터넷 공간은 누구나 자신의 생각과 정보를 부담 없이 공개하는 정보 마당이다. 정확하지 못하고 사실과 다른 개인의 생각이 점검 없이 공개되어 잘못된 정보로 혼란을 주고 있다. 따라서 인터넷 정보는 조건 없이 얻는 대신에 정확성과 신뢰성 등을 구분하는 능력이 필요하다.

정확한 정보는 국가기관이나 연구소, 교육기관 등에서 발표하는 정보이고 개인의 연구 활동을 객관적으로 인정받은 정보이다. 개인의 논문이 정확한 정보로 구분되지는 않는다. 단순한 논문일 뿐이며 논문이 객관성을 인정받는 것은 아니다. 따라서 정확한 정보란 누구나 객관적으로 인정하는 정보로 가치가 있어야 한다.

정확한 정보를 식별하려면 기초적인 지식이 필요하다. 제시된 정보의 진실성을 파악하는 정도의 지식이 필요하다. 이러한 지식이 없거나 부족하다면 주변의 도움을 받아야 한다. 정보 파악을 위한 소통이 필요하다.

"이 정보, 맞나?"

주변의 친구나 전문가 등에게 정보에 대한 진실성을 파악하는 소통이다.

"이 통계수치, 맞나?"

통계수치는 대체로 연구 기관 등에서 용역 사업 등으로 발표하는 경우가 많다. 국가기관에서 발표하는 통계수치는 정확하지만, 용역에 의한 통계일 경우에는 사업 목적에 의하여 통계수치를 발표하는 경우가 있기 때문에 객관성이 떨어지기도 한다.

통계수치는 소통의 기준이 되기도 한다. 국제 어느 기관에서 발표한 자료라는 것을 제시하는 방법이 올바른 통계수치의 소통 방법이다. 제시하는 사람의 입장보다는 자료를 받는 사람의 입장에서 참고하도록 통계수치를 제시하는 것이 좋다. 상사가 보고서에 통계수치를 원하는 이유는 객관적이고 공신력을 파악하기 위함이다.

인터넷으로 소통하는 조직

실시간으로 서로의 정보를 교류하는 방법으로 카톡이나 밴드 등이 활용되고 있다. 이메일은 읽지 않으면 알 수 없지만, 카톡이나 밴드는 수시로 실시간으로 연결되어 신속한 정보 교류 수단이 되었다.

"카톡!"

낮에 울리는 소리는 문제가 되지 않지만, 잠자는 한밤중에 울리는 소리는 잠을 설치게 만든다.

"내일 회의 준비 바람"

잠자다가 어렴풋이 내일 회의를 통고받으면 밤새워 회의 준비를 하게 된다. 문자로 통고를 했으니 연락을 받은 것으로 인식되기 때문에 회의를 몰랐다는 말을 할 수 없다.

인터넷 소통은 신속성이 있지만 신속하기 때문에 조직원에게는 불편하다. 지나치게 인터넷으로 조직원의 사생활까지 침해하는 경우에는 역효과를 불러일으킨다. 이를 방지하기 위해 일부 기업은 오후 9시 이후에는 메시지를 보내지 않는 것으로 규칙을 정하고 있다.

인터넷 정보 교류는 업무 처리에 획기적인 계기가 되고 있다. 신속한 정보 교류를 통해 정체되는 업무를 신속하게 처리할 수 있게 되었고, 현장에서 발생하는 문제점을 실시간으로 조직원이 공유함으로써 사전 예방이나 사후 처리에 신속하게 대응할 수 있게 되었다. 지나치게 인터넷 소통을 이용하면 상대에게 부담을 줄 수 있기 때문에 적당한 시간에 상대 입장에서 소통하는 인터넷문화가 필요하다. 앞서 지적하듯이 오후 9시 이후에는 카톡이나 문자를 보내지 않는 인터넷문화가 정보 소통을 원활하게 만든다.

나눌수록 커지는 정보의 힘

"나는 이렇게 생각합니다."

"내 생각에는 그것보다는 이런 방법이 좋다고 봅니다."

"저는 두 분의 생각이 이런 점에서 비슷하니 합치면 좋겠습니다."

한 사람의 생각보다 두 사람의 생각이 우수하고 두 사람보다는 세 사람이 다양한 생각으로 문제를 관찰하고 분석한다. 한 사람이 보는 것보다 여러 명이 다각도에서 관찰하는 것이 문제 요인을 정확하게 파악할 수 있다. 아무리 전문가일지라도 혼자서 보는 관찰에는 한계가 있고 보지 못하는 것이 있기 때문에 상대방 입장에서 관찰하는 것이 올바른 관찰 방법이다.

서로 다른 생각을 비교하면 공통점과 차이점을 발견하게 되어 서로 생각하지 못한 새로운 아이디어를 창출할 수 있다. 귀중한 정보일수록 조직원들과 함께 공유함으로써 창의적 발상이 가능해진다. 세계적인 초일류기업들의 경쟁력은 팀원이 정보를 공유하여 다양한 발상을 하는 정보공유시스템에서 나온다. 구글은 사원들의 자유로운 발상을 위해 사무실의 분위기를 개방시켰고, 언제든지 서로가 소통하도록 대화 마당을 만들어 정보를 교류하도록 했다. 이처럼 경쟁력 있는 기업의 비결은 정보공유시스템에 달려 있다. 자유롭게 정보를 교류하는 시스템을 어떻게 만드는가에 따라 아이디어를 창출하는 기업으로 부각되고 있다. 구글이 자유롭게 출근 시간을 스스로 선택하고 사무실을 자신에게 편리하게 꾸미도록 개인에게 많은 재량권을 부여하며 세계적 기업으로 경쟁력을 유지하고 있다.

정보는 소유보다 공유로 시너지를 창출하기 때문에 정보를 교류하는 기업으로 만들기 위한 다양한 분위기 조성 아이디어가 기업의 이미지를 만들고 있기도 하다.

"이 문제를 어떻게 하지? 창피해서 말할 수도 없고….."

혼자서 고민한다고 문제가 해결되는 것은 아니다. 조직원 간의 자존심이 정보를 공유하지 못하는 원인이 되기도 한다. 서로의 생각을 독점하려는 생각 때문이다.

"어떻게 만든 정보인데! 나만이 가지고 있어야 한다."

정보의 소유가 자신의 실수를 감추는 행동으로 나타나고 있다. 지금까지 철저하게 지켜 온 자존심을 유지하려는 착각이 쉽게 문제를 해결할 수 있는 것을 커다란 문제로 키우게 된다.

"어떻게 과장님이 그런 실수를 할 수 있지?"

자존심을 버리고 공개하면 조직원들은 상사에게 대한 믿음이 깨졌다고 생각한다. 과장은 완벽한 사람이라는 잘못된 허상이 조직원 간의 정보 교류에 장애물이 되고 있다.

"과장님도 실수를 할 수 있다."

상대의 실수를 인정해 주고 포용해 주는 조직문화가 정보를 교류하게 만든다. 기계가 아니기 때문에 누구나 실수는 할 수 있다는 인식이 필요하다. 실수를 인정하고 공개하여 조직원과 함께 문제를 풀면 여러 가지 방안이 제시되므로 쉽게 문제를 해결할 수 있다. 그럼에도 과장 체면을 유지하려고 혼자서 해결하려다 문제가 복잡해지는 경우가 빈번하다.

"병은 소문을 내야 고쳐요."

병을 고치려면 소문을 내야 여기저기서 이야기를 듣고 처방전을 알려 준다는 옛말이 있다. 정보를 수집하는 방법이 사방에 알리는 방법이었다. 이처럼 소문은 정보를 얻기 위한 소통의 수단이었다. 업무 처리에서도 소문이 필요하다. 혼자서 고민하고 해결하지 못하면 조직 전체가 손해를 본다. 해결할 수 없는 문제는 조직원에게 공개하여 도움을 받는 사원이 현명하다. 창피한 것은 한순간이지만, 자신의 실수로 발생하는 손실은 조직 전체에게 피해를 주기 때문이다.

구글은 1998년 스탠퍼드대학교 박사 과정에 있던 래리 페이지와 세르게이 브린이 처음 만들었다. 1999년 6월 공동출자 지원을 받아 검색 서비스를 시작한 뒤, 2004년 8월 19일 나스닥에 상장하였다. 세계 최대의 검색 엔진으로, PDF, 포스트스크립트, 마이크로소프트 문서에 대한 검색도 가능하다. 웹 문서 검색 외에 구글 이미지 검색, 구글 뉴스 한국, 구글 뉴스 그룹, 구글 웹 디렉터리, 구글 비디오 등의 주요 검색 서비스가 있다.

세계 1위 기업 구글의 탄생은 실천하는 리더에 따라 조직원이 하나로 의견을 집중할 수 있었기에 가능했다. 지시와 명령으로 아이디어를 창출하는 데는 한계가 있다. 소비자가 무엇을 어떻게 원하고 있는가를 파악하려면 소비자의 입장에서 기업을 분석해야만 한다. 구글이 사원들을 소비자의 입장에서 생각하도록 회사 분위기를 조성했던 것은 실천하는 리더이기 때문이다.

야후는 토털 서비스업체이고 구글은 검색 서비스업체이다. 소비자는 검색을 통해 정보와 자료를 얻는 추세이다. 그로 인해 야후보다 구글이 세계 1위 기업이 되었다.

리더에게 가장 중요한 자질

조직원은 실천하는 리더를 믿고 신뢰하여 조직에 충실하게 된다. 리더는 조직원과 얼마나 신속하게 소통할 수 있는 준비가 되어 있고 행동으로 실천하는가에 따라서 기업의 경쟁력을 창출시킬 수 있는 시대이다.

"상사이니 존경하라!"

직책으로는 조직원의 신뢰를 얻지 못한다. 먼저 행동으로 보여주는 리더의 자질이 중요하다. 야후가 구글에게 인터넷시장을 빼앗긴 원인에는 관리자의 리더십에 문제가 있다고 지적한다. 구글은 조직원들의 입장에서 아이디어를 창출하도록 분위기를 만들었다. 상사와 직원 간의 벽을 깨트리고 동등한 입장에서 아이디어를 교류하게 함으로써 인터넷시장을 장악하는 시스템을 개발했다.

"리더에게 가장 중요한 자질이 무엇이냐?"

시가 총액(약 4,130억 달러) 세계 2위, 연간 매출액 약 1,600억 달러 규모를 자랑하는 세계의 재벌 제너럴일렉트릭(GE)을 이끌어 가는 제프리 일렉트릭 회장은 이렇게 대답했다.

"리더는 15분 안에 6만 피트(약 18km), 상공에서 지면까지 달려갈 수 있는 사람이다."

리더는 항상 높은 곳에서 기업의 전체 활동과 흐름을 파악하여 언제든지 현장에서 벌어지고 있는 사건을 파악하여 대비해야 한다는 것이다. 조직원보다 먼저 관찰하고 분석하여 사건에 대비하는 실천하는 리더가 되어야 한다는 의미이다.

행동에 의한 소통이 신뢰성을 높인다

"오 대리, 지시한 거 다했나?"

보고서만 받는 상사는 조직원 간의 원활한 소통을 하지 못한다.

"또 보고서를 내라는 거야!"

매주 보고서를 받는 부서는 보고서 부서이다. 보고서 작성 때문에 정작 실질적인 업무를 추진하지 못한다. 흔히 공무원 조직을 일컬어 '보고서 조직'이라고 지칭한다. 모든 실적을 보고서에 의하여 결정하기 때문이다. 보고서는 자료의 근거를 남긴다는 착각에서 비롯된 것이다.

계획보고서를 비롯하여 과정보고서, 결과보고서로 공무원은 행정적으로 보고서를 작성하는 직업이 되었다. 공무원 개혁의 시작은 보고서 행정이었다. 지나치게 보고서에 의존한 나머지 모든 것을 근거로 만드는 관행이 공무원 조직을 경직되게 만들었기 때문에 이를 타파하기 위함이었다.

공무원 강의를 할 때와 기업체 사원 교육을 할 때는 분위기가 다르다. 공무원은 근거에 의한 보고서 작성 방법을 선호한다. 이에 반해 기업체는 보고서보다 실무 업무에 중점을 둔다. 사원이 보고서에 매달리는 조직은 경쟁력을 창출하지 못한다. 지나치게 보고서에 매달리면 실무를 처리하지 못해 기업경쟁에서 뒤떨어지는 것이다. 그래서 보고서를 요구하는 리더는 조직원 관리에서 실패한다.

"대충 보고서 형식에 맞추어 내면 된다."

실질적인 업무를 하지 않고도 보고 형식에 맞춰 보고를 하면 된다는 조직원 간의 인식이 요식적이고 보고적인 업무를 하게 만든다.

"김 대리, 대충하라고. 형식에만 맞추면 돼!"

보고 형식에 맞추는 요령이 업무를 대충하게 만드는 원인이 된다. 신입사원은 조직마다 다른 보고서 형식에 맞추는 것이 어렵다. 업무 실천보다 보고 형식을 먼저 배우는 사원은 기업에서는 좋은 평가를 받지 못한다. 업무추진능력이 부족한 사원으로 평가된다.

"김○○씨, 이리 오세요."

업무 처리를 못해 헤매는 신입사원을 보고 상사가 불렀다.

"이건 이렇게 처리하면 됩니다. 창고에 가서 현황 파악부터 하고 오세요."

차분하게 신입사원에게 일하는 방법을 보여 주는 상사를 믿게 된다. 말로 지시하는 상사보다 행동으로 보여 주는 상사에게 믿음이 간다.

"과장님이 가르쳐 주시면 귀에 쏙쏙 들어옵니다."

"나도 부장님께서 그렇게 가르쳐 주셨네."

말보다 행동으로 보여 주는 상사에게 믿음이 가는 이유는 눈으로 확인할 수 있기 때문이다. 방법을 보여 주고 일을 지시하는 상사가 현명하다. 행동에 의한 소통이 신뢰성을 높인다.

보여 주는 행동이 실질적 소통이다

기술은 눈으로 배운다고 한다. 업무 능력도 선배가 하는 것을 보고 배운다. 조직에는 문화가 있다. 이를 전통이라고도 한다. 선배가 하는 것을 보고 후배는 따라 하게 된다. 보여 주는 행동이 실질적인 소통이다.

"잘했네, 어떻게 한 거야?"

"선배님이 하시는 것을 눈여겨보고 따라 했습니다."

현장 기술은 오랜 시간 반복된 과정을 통해서 습득된다. 선배가 있으면 시간을 단축하게 된다. 실수를 반복하여 습득한 선배를 보고 후배가 기술을 습득하기 때문이다. 이처럼 선배를 보고 학습하는 것이 말이 없는 행동의 소통이다.

기술은 행동으로 배운다고 한다. 말이나 이론보다는 선배나 전문가가 하는 것을 보고 따라하는 방법이 가장 빠르게 기술을 배우는 방법이다. 이러한 기술이 습관을 만든다. 좋은 습관을 가진 사람은 좋은 습관을 따라서 배웠기 때문이다.

요식적인 보고를 좋아하는 상사를 보고 직원은 보고서 작성만 잘한다. 보고서는 요식적인 것으로, 실질적인 결과를 만들지 못하는 경우가 많다. 그 이유는 보고서는 소통하는 방법이 아니라 일방적인 자료를 제시하는 것이기 때문에 시너지를 창출하지 못하는 것이다.

먼저 인사하는 리더가 신뢰감을 준다

"안녕, 좋은 아침입니다."

아침 일찍 회장님이 정문에서 출근하는 사원들에게 인사를 나눈다. 인사를 받는 회장이 사원보다 먼저 출근하여 인사를 나눈다. 사원들은 미안한 마음으로 회장의 인사를 받는다. 하루 일과를 좋은 기분으로 시작한다. 때로는 카톡으로 인사말을 보내는 경우도 있다. 상사로부터 인사말을 먼저 받을 때 기분도 좋아진다. 인사를 먼저 하는 리더가 신뢰감을 준다.

대개 상사는 직원이 인사를 하면 답례한다. 먼저 인사하는 경우가 적은 이유는 상사이기 때문에 직원이 먼저 인사하는 것을 예의이고 원칙이라고 생각하는 고정관념 때문이다.

"인사는 먼저 본 사람이 하는 것이다."

보고도 못 본 척하고 외면하는 것은 관계가 나쁘거나 적대 관계인 경우이다. 한 사무실 내에서도 못 본 척 외면하는 경우가 있다. 서로의 관계가 서먹해서 인사를 하지 않는 경우도 있다. 이런 경우 먼저 인사를 건네는 사람이 경쟁에서 이긴다.

"내가 오해를 했습니다."

"생각해 보니 박 대리 말도 일리가 있다고 봅니다."

"다시 생각해 봅시다."

먼저 인사하고 말을 꺼내는 사람이 조직에서 리더가 된다.

행동으로 소통하는 사람은 스스로 판단한다

"선생님이 매일 청소하는 이유가 무엇이죠?"

질문에 답변을 하지 않고 아저씨는 청소를 마치고 골목 안으로 가 버렸다. 취재진이 따라가자 뒤도 돌아보지 않고 말한다.

"취재할 이유가 없으니 돌아가요!"

버럭 화를 내는 그를 보고 취재진이 물러났다. 잠시 후 조용히 다가가서 그에게 물었다.

"왜, 아까 화를 내셨어요?"

"아이들이 다칠까, 돌을 줍는 것이고 지저분해서 청소하는 것뿐이요."

그는 취재하는 것이 못마땅하다는 표정이었다. 누군가 해야 할 일을 하는 것이고 좋아서 하는 것뿐이라는 완고한 말에 취재진이 철수했다. 대부분의 사람들은 남에게 보여 주기 위해 행동을 한다. 리더는 보여 주기 위한 행동이 아니라 스스로 필요해서 실천하는 것이다.

아프리카인이 기억하는 슈바이처 박사는 누가 알아주기 위해 평생을 바친 사람이 아니다. 지금도 많은 슈바이처와 같은 봉사자들이 세계 도처에서 일생을 희생하고 있다. 그들의 희생을 보고 후대들도 말없이 참가하고 있다. 위대한 리더는 스스로 봉사하고 희생하는 것이다.

부모의 희생 또한 자녀에게 보답을 받기 위해 하는 것이 아니다. 자녀에게 부모는 길잡이이다. 자녀가 걸어갈 길을 만들어 주기 위해 자신을 희생한다. 그러한 행동에서 보람과 행복을 느낀다. 스스로 선택하여 책임과 의무감에서 행복을 찾는 것이 행동으로 소통하는 사람들의 공통점이다. 남에게 보여 주기 위한 가식이 아니라, 마음에서 나오는 행동이다.

누군가에게 인정을 받기 위해 행동하는 사람은 진정성이 없다. 봉사활동, 기부활동 등도 평가받기 위해 홍보적으로 하는 사람은 진정성이 없다. 행동으로 소통하는 사람은 누구에게 인정받기 위함이 아니라 스스로 필요에 의하여 자기 주도적으로 실천하는 사람이다.

실천하는 리더십

"나를 따르라(Follow me)!"

장수가 앞장서서 소리친다. 수만 명의 사병들이 장수를 따라 진격한다. 앞장선 장수를 따라 진격하는 사병들은 용감하다. 그러나 뒤에서 명령하는 장수에게 쫓겨서 진격하는 사병들은 서로 눈치를 본다.

"어떻게 하면 살아남을까?"

살길을 찾는 국민에게 전쟁에 참여하라는 말 대신 먼저 전쟁에 뛰어든 왕자가 있다. 1982년 영국과 아르헨티나의 포클랜드전쟁에 영국 왕실의 앤드류 왕자가 공군 조종사로 참전하여 세계 언론의 집중되었다. 황태자가 안전한 황실을 뛰어나와 직접 전투기를 몰고 전쟁에 참가하였기 때문이었다. 그는 스스로 전쟁에 참여하여 국민의 칭송을 받았다. 이렇듯 실천하는 리더는 감동으로 소통한다.

행동하는 리더의 공통점은 지시와 명령이 아니라 앞장서서 위험을 해소하는 감동으로 소통한다는 점이다. 칭기즈칸, 광개토대왕, 이순신 등의 공통점은 앞장서서 선봉에 서 부하들을 감동시킨 리더라는 점이다. 말보다 행동으로 실천함으로써 조직원의 신뢰를 만들고 조직을 단결하게 만들었다.

세계적인 기업에서도 조직원의 단결을 강조하고 있다. 부서별로 분리되면 조직의 경쟁력도 분리되지만, 부서별로 협력하면 조직의 경쟁력이 높아진다. 그렇다면 어떻게 조직을 협력하게 만들 것인가? 조직 간의 소통을 위한 대화 마당을 만드는 방법이다. 조직 간의 경쟁보다는 조직 간의 협력을 유도하는 기업경영이 증가하고 있다. 이를 위해 조직원 간의 실천하는 사례가 모범이 되고 있다.

도요타 자동차를 비롯하여 부서 간의 성공과 실패 사례 발표는 조직원 간의 정보 소통을 만들어 기업의 경쟁력을 창출시키는 경쟁력이 되었다. 실천하는 조직 간의 협력이 초일류기업에서 유행처럼 번지고 있다.

기부를 실천하는 리더

빌게이츠는 가장 많은 기부금으로 실천하는 세계적 경영리더가 되었다. 돈을 버는 것보다 돈을 가치 있게 사용하기 때문에 많은 사람들은 그를 존경한다.

돈만 버는 기업은 소비자 욕구를 충족시키지 못하므로 기업의 신뢰성을 얻지 못하고 있다. 버는 만큼 사회에 기여도를 높여 기업의 신뢰도를 얻고 있다. 소비자가 외면하는 상품은 판매되지 못한다. 기업과 소비자는 공생하는 관계가 되고 있다. 기부하는 기업의 이미지가 소비자에게 신뢰를 얻고 있다.

기업이 기부로 소비자의 신뢰를 얻는다면 의사나 변호사, 교육자는 봉사적 기부로 국민의 신뢰를 얻는다. 소비자가 없으면 상품이 존재할 수 없듯이 국민이 없다면 의사, 변호사, 교사도 존재하지 않는다. 누구를 치료하고 변화하고 교육할 것인가? 지식과 경험, 정보와 기술을 기부하여 베푸는 사람과 받는 사람이 공존하는 것이다.

이태석 신부의 희생은 아프리카인들에게 희망을 심어 주었다. 흔히 아프리카의 슈바이처 박사를 의료봉사자라고 기억하고 있다.

이처럼 대가없이 봉사하는 리더의 업적은 계승되고 있다. 이태석 신부는 '한국의 슈바이처'라고 불린다. 슈바이처나 이태석 신부는 희생으로 아프리카인들에게 희망과 행복을 주었다.

아시아의 슈바이처 이종욱 WHO 사무총장이 선택한 것은 '숭고한 사상'이 아니라 '행동'이었다. WHO 사무총장에 대한 비행기 특별석을 마다하고 2등석의 비행기 좌석을 고집했다. 기금으로 운영되는 WHO 기금에는 가난한 국가의 분담금도 포함되어 있어 그 돈으로 호강할 수 없다는 것이었다. 평생 전셋집에 살며 소형차로 소박한 삶을 실천한 리더이었다.

실천한 리더는 물질적 풍요로움보다 정신적인 풍요로움을 추구했던 리더이다. 물질은 사라지지만 정신은 영원히 기억되기 때문이다. 위험 속에 먼저 몸을 던지는 용맹과 병균과 싸우는 의사의 헌신이 실천의 리더이다.

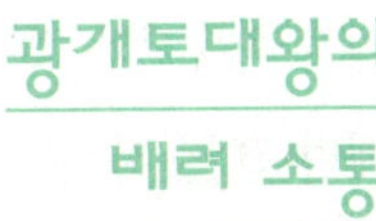

광개토대왕비는 만주 지안 현(輯安縣) 퉁거우(通溝)에 있는 비석이다. 414년에 장수왕이 광개토대왕의 공적을 기념하기 위해 세운 것으로, 높이 약 6.27미터, 너비 약 1.95미터의 큰 비석이다.

중국인들도 존경하는 광개토대왕의 리더십은 적장과도 소통하는 배려의 소통에 있다. 중국식 전각으로 쌓여진 광개토대왕릉비는 중국 공안의 삼엄한 경비 아래 내부 사진 촬영이 금지되고 조용히 관람하도록 관리되고 있다.

"그의 은혜와 혜택이 하늘에 가득 찼고 위엄과 무공은 세상을 덮었으며 못된 자들을 없애 치우고 생업을 편안케 하니 나라는 부유하고 백성은 넉넉하고 오곡이 풍요롭게 무르익었다."

광개토대왕릉비에 적혀 있는 글이다. 은혜와 혜택이 하늘에 가득 찼다는 의미는 적까지도 배려했다는 의미이다. 정복자는 정복한 지역을 초토화시키는 만행을 저지르지만 광개토대왕은 싸움과 생활을 구별하는 리더이었다.

광개토대왕(담덕)은 반역자 개연수의 아들이자 친구였던 개고운이 후연의 책사로 그를 수없이 괴롭혔지만 마지막까지 그와의 관계를 회복시켜 정벌한 지역의 왕으로 만들어 진정한 친구의 우정을 배려했다. 자신을 죽이려던 적장을 우정으로 극복했던 그는 배려의 소통을 한 것이었다.

그는 왕자의 특권의식보다는 스스로 변방의 평범한 장수라 생각했다. 지휘관으로서 냉철한 판단의 전략적 이익보다 사람의 목숨을 중히 여겨 고무 대장군의 염려를 사기도 했다. 전장에서는 가장 먼저 나서고 가장 뒤에 물러났으며 사석에서는 격식을 따지지 않아 부장과 병사, 용맹한 전과를 듣는 백성들로부터 마음으로부터 신뢰를 얻었다.

"이기기 위해서가 아니라, 내가 사랑하는 것들을 지키기 위해."

조상의 혼이 서린 중원에 대한 꿈을 꾸며 백성과 함께 생각하고 생활했던 소통의 리더십을 실천한 배려의 리더이다.

배려의 소통으로 동지를 만든다

"상대는 어떻게 생각하고 있을까?"

"상대가 어려워하는 것은 무엇일까?"

"나보다 상대가 더 잘 알고 있다."

조직은 각기 다른 능력을 가진 사람들의 모임이다. 다양한 분야의 조직에서 혼자 성공하는 사람은 없다. 자신을 이해하고 협력해줄 동지가 필요하다. 수많은 리더들은 각기 다른 방법으로 팀을 만들었다. 장수는 자신에게 충실한 충복을 얻기 위해 노력한다.

빌게이츠는 고등학교 시절부터 함께 활동했던 컴퓨터 동아리 팀원끼리 협력하여 오늘날 MS 회사를 만들었다. 구글도 학교 친구인 세르게이 브린과 래리 페이지가 뜻을 모아 만들었다.

광개토대왕은 전장에서 그와 동고동락했던 황회, 여석개, 설지, 연설타 등과 함께 고구려의 역사를 썼다. 전투의 어려움 속에 실수와 실책했던 그들의 입장에서 생각하며 병사들을 살피고 고구려 주민을 돌보는 리더십이 강력한 고구려를 만들었다.

상대 입장에서 생각하는 배려가 동지를 만든다. 오해와 배신은 다르다. 오해는 잘못 이해하는 것이고 배신은 계획에 의하여 상대를 배반하는 행동이다. 배려는 잘못 이해하는 실수를 예방하는 방법이다.

광개토대왕은 왜 전쟁을 해야 하는지, 전쟁을 통하여 무엇을 얻으려는 것인지를 명확하게 설명하며 주변을 설득했다. 전투 승리로 정복한 국가에도 복속보다는 고구려의 비전을 통해 함께 공존하는 제후국 또는 형제국으로 이끌어 광활한 영토를 다스렸다. 상대를 지배하는 것보다 상대와 공존하는 것이 현명한 리더이다. 칭기스칸도 일부는 지배했지만 공존을 통해 세계 최대의 영토를 통치할 수 있었다.

상대 의견에서 아이디어를 얻는다

"어떻게 생각해?"

자신의 생각을 주장하기 전에 상대의 생각을 질문한다.

"나는 이런 점이 좋아 보이는데….”

강하게 주장하는 것보다는 자신의 생각을 제시하는 방법이 상대 생각을 이끌어 내는 좋은 방법이다. 리더는 조직원마다 생각하는 다양한 생각을 이끌어 내는 기술이 필요하다.

"어떤 문제가 있을까?"

방법을 파악하기 전에 문제점에 대한 의견을 받는 것이 필요하다. 방법을 제시하라고 하면 어렵게 생각하지만, 문제점을 지적하라고 하면 각기 다른 관점에서 보고 느낀 점을 부담 없이 제안하게 된다.

상대를 존중하는 자세는 경청이다. 배려를 하기 전에 상대 의견을 경청하고 존중하는 자세가 중요하다. 자신의 생각보다 상대 의견을 존중할 때 의견의 교류가 이뤄진다. 서로 다른 의견은 생각과 경험에 의한 결과이다.

"내 말이 맞아, 내 경력이 20년이야. 내 말대로 해!"

경력을 내세워 직원을 몰아치면 직원은 자신의 생각을 말하지 않는다. '옥에 티'라는 말이 있다. 생각의 티는 자신의 생각만을 주장하는 것이다. 자신은 가장 가까운 데 있는 눈앞의 것을 볼 수 없다. 따라서 상대가 보는 관점의 의견이 중요하다.

리더가 지나치게 억압적이고 명령적이면 조직원은 생각을 닫는다.

"어차피 제안해 봐야 무시할 텐데…."

전통을 강조하고 지시와 명령에 익숙한 조직에서는 자신의 생각을 제안하지 않는다. 조직의 흐름이 조직원 의견을 인정하지 않는다면 조직원은 단순한 노동을 하는 입장이다. 업무상 발생하는 문제점을 해결할 생각을 하지 않고 주어진 환경이나 여건에서 평범하게 주어진 일만을 하게 된다.

배려의 유형

배려는 상대적이다. 상대 입장에서 '무엇을 어떻게 얼마나 나누거나 베풀 것인가?'를 생각해야 한다. 배려는 공생공존의 방법이며 협동을 통한 시너지창출 방법이다. 그렇다면 무엇을 얼마나 어떻

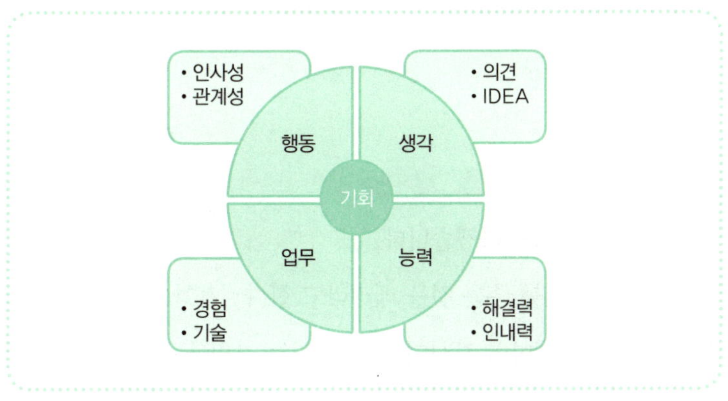

게 배려할 것인가? 배려의 네 가지 유형에 대해 알아보자.

① 행동배려 : 인사, 예의, 예절, 습관, 버릇, 행동장애, 대인관계 등에 대한 배려이다. 성장 과정에서 배우지 못했거나 신체적 장애 조건, 독점적 행동을 상대 입장에서 배려하는 것이다.

② 생각배려 : 지적 수준, 다른 의견, 사고방식, 고정관념, 부족한 IDEA) 등에 대한 배려이다. 부정적이고 비판적 생각이나 소극적인 행동으로 발생하는 생각을 이해하는 것이다.

③ 업무배려 : 신입사원, 체험이나 경험 부족, 기술 미숙이나 부족 등에 대한 배려이다. 미숙함이나 실수, 착각이나 착오에 의한 업무적 부족을 이해하는 것이다.

④ 능력배려 : 해결능력, 도전성, 인내력 등에 대한 배려이다. 상대 입장에서 이해하여 상대의 능력을 이끌어 가는 배려가 필요하다. 조직은 팀에 의하여 경쟁력을 창출하기 때문에 모든 조직원이 소통을 통해 함께 만들어 가는 분위기를 만드는 것이 리더의 배려이다.

배려는 기회를 주는 것

"충정을 다해 보필하겠습니다."

상대에게 기회를 주는 것을 배려라고 한다. 기회를 주는 것은 상대 입장에서 이해하여 자신이 가지고 있는 기회를 주는 것이다. 자신이 가지고 있는 것을 상대에게 나눠 주거나 상대가 부족하거나 미비한 것에 대해 충족시켜 주어 기회를 제공하는 것이다.

행동적으로 부족하거나 미비하여 발생하는 것에 대하여 이해하고 잘못된 것을 이끌어 가는 리더십이다. 조직원의 실수에 대한 용서와 이해는 리더의 포용력이기도 하다. 칭기즈칸이나 광개토대왕은 부하의 실수에 대해 관용을 베풀어 충신을 만들기도 했다.

상사가 조직원의 실수를 감싸 주면 조직원들은 그에 대해 감동받는다. 평소 질책을 하던 과장이 자신의 실수를 부장으로부터 보호해 주면 감동받게 된다.

"아하, 평소에 야단친 것이 나를 위해서였구나!"

잘못된 행동이나 언어에 대한 질책을 야속하게 생각하는 것은 상사의 마음을 이해하지 못하기 때문이다. 리더는 조직원을 이끌어 가기 위해 작은 일에도 질책을 하는 경우가 있다.

상사는 직원보다 앞서 생각하고 행동해야 한다. 부정적이고 소극적인 직원을 긍정적이고 적극적인 직원으로 바꾸어 가기 위해 포용과 배려를 통한 기회를 제공해야 한다. 상사가 직원 아이디어를 빼앗아 가는 경우도 있다. 기회를 제공하지 않고 기회를 빼앗는다면 조직력은 깨지고 리더에 대한 믿음보다 불신으로 경쟁력을 만들지 못한다.

배려는 상사가 직원에게 기회를 주는 것이다. 실수를 만회할 기회를 주고 생각할 기회를 주고 문제를 관찰하고 분석할 기회를 줌으로써 직원으로 하여금 상사에 대한 고마움을 느끼게 만들기도 한다. 중요한 것은 아무 때나 기회를 주는 것이 아니라 결정적인 순간에 질책보다 기회를 주는 것이 신뢰를 높인다는 점이다.

스티브잡스가 자신이 만든 애플에서 쫓겨난 것은 조직원으로부터 불신을 받았기 때문이다. 조직원을 이해하고 포용하며 조직원에게 기회를 제공하지 못했기 때문이다. 잡스는 직원과 소통에 문제가 많았다. 직원들에 대한 배려가 부족했고, 일방적이어서 소비자와의 소통에는 직설적이었다.

스티브 잡스에게는 과대망상의 '자기애성 인격장애'의 요소가 다분했다. 직원 간에는 지나치게 냉정하고 잔혹했다. 그런데 왜 많은 사람들이 그에게 열광하고 마음을 빼앗긴 것인가?

스티브잡스 나름의 소통 방식 때문이다. 냉정한 그를 믿고 따를 수 있었던 것은 일을 통해 공동의 이상을 달성하려는 열정 때문이었다. 그는 제품 개발에 대한 열정이 뛰어났다. 그의 소통 방식은 열정적인 업무처리능력이었다. 실력으로 조직과 소통했다. 쫓겨났던 애플을 다시 구매했던 것도 열정이라고 볼 수 있다. 잡스는 한 번 흥미를 느끼면 그의 성격처럼 극단적 열정으로 결과를 만드는 소통 방식을 가지고 있었다.

그래서 스티브 잡스를 "소통의 달인"이라고 말하기도 한다. 냉정하게 말하면 그의 화술은 뛰어난 것이 아니다. 그럼에도 소통의 달인으로 꼽는 이유는 소통하는 방식에 있다. 검정 터틀넥 셔츠에 허리띠 없는 청바지 그리고 캐주얼 운동화 등의 지극히 편안한 차림은 그의 트레이드마크가 되었다.

신제품을 소개할 때 평범한 옷차림으로 소비자와 친근하게 소통하는 방법을 선택했던 것이 부담 없는 소통을 만들었다. 일상의 평범한 청바지를 통해서 누구나 부담 없이 사용할 수 있는 제품이라는 메시지를 표현한 방식의 소통이다.

배려하는 조직이 경쟁력을 만든다

배려는 대화에서 교류된다. 조직원 간의 원활한 소통을 통해 상대에게 무엇을 얼마나 배려할 것인가를 파악할 수 있다.

선배와 후배의 대화 마당이 있는 조직과 없는 조직의 차이가 기술의 차이를 만든다. 기술은 전수되는 것으로, 신입사원이 탁월한 기술을 가지고 있는 경우는 극히 드물다. 경험에 의한 선배의 기술은 후배가 전수받아 지속적으로 발전시켜야 하기 때문이다.

한국의 기술자는 외국에 파견되었던 기능공에 의하여 전수되었다. 세계 최고의 조선업국가는 독일에 파견되었던 기능공에 의하여 전수되었다. 기술이 없었던 한국인은 독일의 기능공으로 파견되었고, 독일에서는 한국인의 우수한 손재주를 인정하고 첨단기술을 교육시켜 현장 업무를 맡겼다. 독일은 한국인에게 기술을 습득하는 기회를 제공했던 것이다.

가난에서 굶주리던 한국인에게 독일은 조선시대 말기에도 마이스터시스템에 의하여 한국에 학교를 설립하여 기술을 가르쳐 준 기록이 있다. 독일은 자신들의 기술을 후진국가에 전수해 주는 배려 있는 국가이다. 기술을 습득할 기회를 제공하고 열심히 노력하는 사람들에게 발전할 수 있는 기회를 제공한다. 한국이 아프리카를 비롯한 후진국가에 기술을 전수하는 것도 이와 같은 나눔이고 후진국에 대한 배려이다.

독일어 'Meister'는 '선생님'이라는 뜻의 라틴어 'Magister'에서 유래한 독일만의 독특한 기술 및 기능 인력 제도이다. 직업에 필요한 공부를 하고 실기과정을 이수하여 정규시험을 통과한 사람에게 부여하는 명칭이기도 하다. 미시적으로는 '마이스터 자격'이라는 하나의 자격을 부여하고 있으며, 거시적으로는 독일의 전체적인 직업교육 제도를 일컫는 말로 통용된다.

상대방의 마음을 끌어당기는 요소에는 3가지가 있다.

상대에게 믿음과 신뢰성을 주는 방법은 눈으로 확인시키는 것과 말로 들려주는 확실함과 정확성에 있다. 눈으로 보고 귀로 들으면 관계가 형성된다. 눈은 확인하기 위함이고 귀는 내용을 듣기 위함이다.

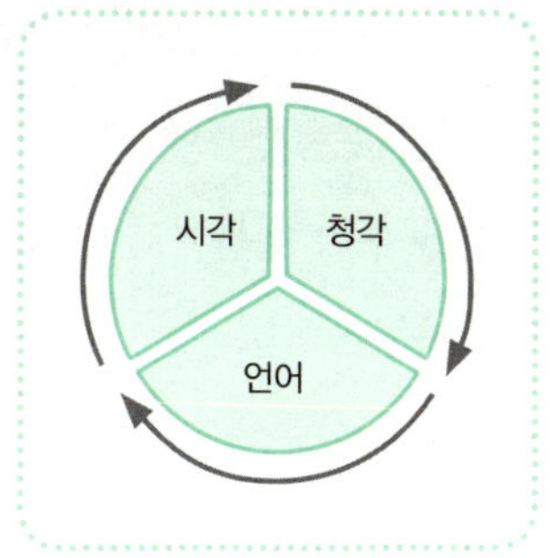

감성은 마음을 움직이는 감격이다

"어떻게 이럴 수가!"

놀라움의 표시이다. 상상하지 못한 것이 이뤄지거나 믿지 않았던 일이 이뤄졌을 때 감격한다. '깜짝 쇼'라는 말이 있다. 상대가 상상하지도 못한 감격스러운 일이 벌어지는 일이다. 데이트 신청을 예견하지 못한 장소에서 하거나 이벤트를 보여 줄 때 놀라움에 감격한다.

"마음의 선물입니다."

선물은 정성이다. 길을 가다가 길에 핀 꽃으로 아름다운 꽃다발을 만들어 내밀면 감격한다. 진심과 정성이 들어 있기 때문이다. 이처럼 상대 마음을 끌어당기는 힘은 진심과 정성에 있다.

흔히들 꽃향기에 취한다고 한다. 그런데 이렇게 향기로운 냄새보다 향기로운 마음이 상대를 더 움직이게 만든다. 끊임없는 노력과 변함없는 행동에 감격하는 것이다. 누군가를 사랑한다는 것은 진심을 주기 때문이고 이해와 베풂으로 상대를 보호하고 아끼기 때문이다.

"감사합니다."

진정한 소통은 상대의 마음을 감동시킨다. 평소 원리원칙을 강조하는 강 부장이 오 대리의 실수를 감싸 주었다.

"내가 자네를 대변해 준 것은 비록 실수는 했지만 최선을 다해 노력을 했기 때문이네."

리더는 조직원의 실수를 감싸 주는 배려가 필요하다. 최선을 다해도 실수는 발생할 수 있다. 작은 실수를 질책하는 리더를 믿고 의지하는 조직원은 없다. 노력을 했지만 실수를 했다면 노력에 대한 리더의 배려가 조직원 간의 믿음과 신뢰를 만든다.

"세상에 이럴 수가 있어? 과장님이 시키는 대로 했는데 책임은 내가 전부 뒤집어써야 하는 게 말이 되냐!"

조직에서의 신뢰성은 생명과 같다. 믿었던 상사가 배신을 했거나 이용했다면 조직원은 상사를 의심하고 조직을 위해 노력하지 않는다. 언젠가는 퇴출될 수 있다고 생각한다면 야합과 형식적 행동으로 위기만을 모면하려고 행동할 것이다.

조직은 조직원의 마음을 신뢰성으로 만든다. 많은 사람들이 대기업에 취업하려는 것은 안정적인 직장과 높은 임금을 받기 위함이다. 기업의 신뢰성이 취업자의 마음을 끌어당기는 것이다. 미래가 보장되지 못하는 기업이라면 높은 임금이라고 해서 지원하지 않는다. 안정감은 마음을 진정시켜 업무에 충실하게 만든다.

마음을 자극시키는 스토리텔링의 매력

보고서를 PPT로 작성한다. PPT는 단순한 글로만 만드는 것이 아니라 음악과 영상, 그림이 아울려져서 제시하고자 하는 내용을 시각적·청각적·언어적으로 표시하는 것이다. 보고 내용을 묘사하는 방법이 시대 흐름에 따라 문자만의 방법에서 시각과 청각에 의한 언어로 바뀌었다. 앞으로는 홀로그램에 의하여 입체적인 보고서로 변하게 된다. 보고서 속에 이야기(스토리텔링)가 제시되는 것이다. 스토리텔링이 마음을 자극시키기 때문이다.

"거북이와 두루미가 서로를 초대했단다."

우화는 누구나 재미있고 감동적이며 부담 없이 즐기는 이야기이다. 등장하는 동물은 각기 다른 특징을 가지고 있기 때문에 이야기를 듣는 사람의 상상력이 커진다. 단순한 독서보다는 스토리텔링에 의한 독서가 감동시킨다.

책을 읽을 때 빠른 속도로 읽은 것을 자랑한다. 이는 잘못된 습관이다. 빠른 속도로 읽는다면 내용을 감상하지 못하기 때문이다. 스토리텔링이 중요한 것은 감정을 가지고 책을 읽기 때문이다.

성우는 다양한 목소리로 감정을 전달한다. 빠른 소리보다는 느리면서도 감성적 억양으로 듣는 사람의 마음을 자극시킨다. 급할 때는 빠르게 분위기를 연출하기도 한다. 듣는 사람이 분위기를 만들어 듣게 함으로써 이야기 속에 빠져들게 한다. 거북이의 느린 동작과 두루미의 날쌘 동작으로 비교하는 음색은 듣는 사람의 마음속에 거북이와 두루미를 기억하게 만든다. 성우의 목소리가 같은 이야기도 다르게 표현되고 전달되어 듣는 사람에게 다른 감성을 자극시킨다.

DJ의 목소리는 시청자의 마음을 자극시킨다. 차분하면서 정확한 발음으로 읽어 주는 메시지는 듣는 사람에 따라 다른 감정으로 전달된다. 일을 하며 듣는 사람, 커피를 마시며 듣는 사람, 운전을 하며 듣는 사람, 글을 쓰며 듣는 사람 등 듣는 사람의 입장에 따라 메시지는 다르게 들린다.

메시지가 자신의 과거와 비슷하면 깊은 감동에 빠져든다. 공감대가 만들어지는 것이다. 스토리텔링이나 음악은 듣는 사람의 입장에 따라서 공감대가 형성된다. 공감대는 감정을 자극하여 감동하게 만들고, 그 감동은 느낌에 따라 만족감과 성취감을 주기도 한다.

음악은 또 하나의 스토리텔링이다

음악의 리듬이나 다양한 악기 소리는 듣는 사람의 감정을 자극하여 감동하게 만든다. 이야기와 음악은 상대의 마음을 자극시키고 움직이게 만드는 힘을 가지고 있다.

관악기가 가지고 있는 특성, 현악기가 가지고 있는 특성, 타악기가 가지고 있는 특성이 제각기 다르다. 악기 소리와 리듬이 듣는 사람의 마음을 움직이게 만드는 것이다. 웅장한 관악기는 심장을 두드리면서 때로는 흥분하게 만들고 때로는 침묵하게 만든다.

현악기의 선율은 잔잔한 감정을 만든다. 노을 진 하늘을 보는 사람에게는 지나간 추억을 감상하게 만들고 고독한 사람에게는 여인의 속삭임이 되기도 한다. 일을 마치고 돌아오는 남편을 기다리는 여인에게는 포근함과 행복을 느끼게 한다. 하나의 악기가 듣는 사람의 입장에 따라 다른 감정을 만드는 것이다.

타악기는 생동감을 준다. 심장 박동 소리와 함께 두근거리면 흥분하고 열정을 자극시킨다. 춤을 추지 못해도 몸을 움직이게 만들어 생활의 활력소를 주기도 한다. 몸을 움직이는 자극은 마음을 움직이게 만드는 동력이다.

음악에는 이야기가 있다. 작곡, 작사한 사람들의 이야기가 들어 있다. 리듬 속에 들어 있는 이야기는 사람의 감성을 자극시키고 생각을 움직이게 만든다. 단순하게 음악의 리듬만을 감상하는 것보다 음악 속 이야기를 기억하는 스토리텔링이 마음과 생각을 움직이게 만든다. 세상 사는 이야기에는 음악과 리듬, 사연이 들어 있어 사람을 감동시키고 살아가는 힘이 된다.

"주인공이 될 거야!"

아이들이 꿈꾸는 목표이지만 이야기가 아이들에게 희망을 주고 살아가는 이유를 제시하기 때문이다.

고객을 끌어당기는 마케팅 전략

"고객 관심을 끌어당기는 방법을 생각해 봐요."

판매업은 끝임 없이 고객의 관심을 끌어당기는 전략을 세운다. 주기적인 세일 전략, 거리마케팅 전략, 미끼상품 전략, 시식(시음) 전략, 노래 마당 전략, 매스컴 홍보 전략, SNS 판매전략 등으로 고객의 관심을 자극시키고 구매욕을 충동시켜 매출을 극대화시키기 위한 노력을 한다.

다양한 판매 전략은 고객을 감동시키는 전략이다. 단순히 필요한 상품을 전시하는 판매 방법은 고객을 감동시키지 못한다. 상품을 구매하는 고객에게 어떤 이익을 줄 것인가? 같은 가격으로 구매하면서 이익을 얻는다면 고객은 감동한다.

"어디서 그렇게 싸게 샀어?"

조금이라도 싸면 교통비를 들여가면서도 고객은 찾아온다. 중심가에서 떨어진 변두리에 세일판매소를 찾아가는 고객은 조금이라도 싸게 사기 위한 구매 욕구 때문이다. 고객은 상대적으로 싸게 구매했다는 것에 만족감을 느끼는 경우도 많다. 또 상대적으로 싸게 구매함으로써 자신의 구매능력을 자랑하고 싶은 욕구도 있다.

판매의 성공은 구매자의 욕구를 자극시키고 충족시키는 것이다.

"입소문을 퍼트려라!"

마케팅 전략이다. 소비자의 마음을 자극시키는 방법이다. 소비자는 소문난 곳으로 모여드는 습관이 있다. 거리 장사에서 주변에 사람들이 모여드는 수법을 사용하는 경우도 있다. 많은 사람이 보이면 지나가면서 관심을 가지게 되는 것이 소비자의 심리이다.

"소비자는 소문난 상품을 구매한다."

백화점 점장이 직원들에게 강조하는 말이다. 어떻게 소문을 낼 것인가 방법을 찾으라는 것이다. 직원이 고객에게 상품을 소개하면서 소문내는 경우가 많다. 자사 상품의 특성과 효능, 가격 대비 이익 등을 소문내는 것이다.

감동 홍보 전략

"상품을 팔기 전에 양심을 팔아라."

공익광고를 바탕으로 기업 상품을 간접적으로 홍보하는 전략이 유행이다. 지나치게 상품의 장점만을 홍보하면 소비자는 당연한 홍보라고 판단하고 광고를 지나쳐 가지만, 공익문구를 제시하고 사례를 보여 주면 소비자의 관심이 집중된다.

상품 광고에 CEO가 어설프게 등장하여 상품의 특징을 소개하는 전략이 소비자에게 감동을 주고 있다. 기업의 신뢰를 보여 주기도 하고 CEO가 자신 있게 자신의 상품을 추천함으로써 소비자에게 안심을 주기도 한다.

아시아인에게 감동을 주는 동영상이 유튜브에 올라왔다. 배고픔에 굶주린 아이가 자신이 먹을 것과 병에 누운 어머니에게 가져다 주기 위해 빵을 집다가 주인에게 잡혔다. 여주인은 아이를 혹독하게 야단치며 경찰을 불렀다. 야단맞는 아이를 보고 옆집 가게 주인이 빵 값을 지불하고 아이에게 먹을 것과 돈을 주는 장면이 많은 사람의 감정을 자극시켰다.

그 후 아이는 성장하여 의사가 되었고 조건 없이 은혜를 베풀었던 주인이 암으로 병원에 입원하게 된다. 가게를 팔아야 할 처지가 된 환자가 입원한 병원이 과거의 그 소년이 의사로 있는 병원이었다. 의사는 아무 말 없이 병원비를 지불해 주었다. 성장 이후 은혜를 갚는 장면에서 인정이 살아 있다는 희망을 준 광고이다. 각박한 사회에 경종을 울리는 것이다. 배려와 나눔이 건전한 사회를 만든다는 광고이지만 보는 사람에게 감동을 주었다.

공익광고는 상품을 광고하지는 않지만 간접적으로 상품을 홍보하고 있다. 이에 따라 시청자의 마음을 움직이는 공익광고를 통해 소비자의 욕구를 자극시키는 홍보 전략이 기업 전략으로 유행처럼 번지고 있다. 기업의 사회 기여도가 상품의 이미지를 만들기도 한다. 공익을 목적으로 배려와 나눔의 실천을 보여 주는 광고 속에 기업의 나눔이 건전한 사회 구현에 한 역할을 담당하고 있다.

체험 마케팅

"나만의 향수"

나만의 향수나 향기는 시대적 흐름이다. 남과 다른 독특한 것을 소유하고 싶은 소비자의 마음이 체험 마케팅을 확산시키고 있다.

"나만의 가구"

IKEA는 이색 체험 마케팅으로 세계 가구시장의 판도를 바꾸고 있다. 만들어진 가구보다는 자신의 공간에 적합한 가구를 조립하거나 독창적인 가구를 소유하기를 원하는 소비자의 마음을 끌어당겨 성공했다.

체험은 소비자와 소통하는 수단이다. 아름다운 마네킹의 모습에 따라 옷을 입어 보거나 화장해 보는 체험마케팅이 소비자에게 쉽게 상품의 특징이나 기능을 전달하는 수단이 된다. 이처럼 마케팅 전략이 소비자의 마음을 끌어당기는 전략으로 다양화되고 있다.

광고는 상품과 소비자가 소통하는 수단이다. 광고주는 광고를 통해 소비자에게 필요한 상품이라는 것을 알린다. 홍보업체는 이러한 광고주에게 필요한 광고를 위해 직접광고와 간접광고의 방법을 선택한다.

얼마나 신속하게 정확히 상품의 가치를 소개하여 구매하도록 만들 것인가는 광고 전략에 달려 있고 광고에 등장하는 모델에 따라 달라진다. 광고는 소비자에게 상품 가치와 효능을 설명하는 방법이고 광고 내용은 소비자를 설득하는 스토리이다. 따라서 광고를 설득 소통의 수단이라고 한다.

소비자와 상품을 소통시키는 수단, 광고

광고 내용과 방법에 따라서 상품에 대한 정보를 소비자에게 전달한다. 홍보업체는 효율적인 광고를 만들기 위해 다양한 방법을 사용한다. 보다 쉽게 다양한 소비자를 어떻게 설득할 것인가? 상품에 대한 소비자의 동향과 기호성 등을 세밀하게 조사하여 소비자

계층에 따라 광고 전략을 세운다.

소비자를 설득하는 방법은 다양하다. 상품의 특성에 따라서 소비자 층을 구분하여 광고 전략을 세우며, 광고 효과를 극대화시키는 전략을 광고매체나 3B[아기(Baby)·미녀(Beauty)·귀여운 동물(Beast)]나 인기스타 등을 직접·간접광고에 활용하여 설득한다.

글로벌시장이 형성되면서 광고주는 글로벌 판매를 위한 글로벌 광고를 주문하고 있다. 국제광고전략은 표준화 전략과 현지화 전략으로 구분된다. 먼저, 표준화 전략은 동일한 광고 전략을 모든 시장에 동일하게 적용시키는 것으로, 표준화된 미디어 믹스로 동일한 광고물을 게재하거나 방송한다.

이에 반해 현지화 전략은 지역적인 문화와 언어 차이에 따라 현지에 적합한 각기 다른 광고 방법을 선택하는 것을 말한다. 따라서 광고매체나 모델 등을 현지인을 선택하거나 한류가 있는 지역은 인기 있는 한류스타를 선택하여 현지의 법률에 저촉되지 않도록 한다.

"광고는 단순한 상품광고가 아니다."

세계적인 광고 전문가들이 주장하는 말이다. 홍보를 위한 광고시대는 지났고, 공익광고로 간접적인 홍보를 해야 한다는 것이다. 광고는 상품 홍보를 위한 수단이지만, 소비자의 수준이 단순히 상품을 구매하던 시대에서 벗어나 이제는 기업이 사회에 어떤 역할을 하고 있는가에 따라 상품에 대한 구매를 결정짓는 시대이기 때문이다.

세계인의 축제, 올림픽에서 찾아보는 광고

올림픽은 기업의 후원이 없으면 개최되기 어렵다. 올림픽에 지원하는 기업광고는 간접광고이다. 시청자가 보고 판단하는 광고이다. 올림픽에 지원하는 기업에 대한 광고가 없기 때문에 홍보 내용을 알 수가 없다. 경기장에 부착되어 있는 광고판을 보거나 선수가 입은 옷이나 신발, 경기장 주변에 장식된 작은 문구나 기구 등을 유심히 보지 않으면 광고 내용을 알 수 없다.

올림픽은 기업의 첨단제품 홍보전이다. 기업은 새로운 첨단기능을 가진 제품을 무상으로 제공한다. 선수들이 입은 옷이나 기구 등이 새로운 기능을 가진 첨단제품이다. 소비자는 어떤 첨단제품이 올림픽에 출시되었는지를 알지 못한다. 기업 간의 보이지 않은 경쟁이 있을 뿐이다. 이러한 경쟁에서 기업 상품의 특징이 소개되는 것은 언론에 의한 평가이다.

"선수가 입은 수영복의 소재가 문제가 되었습니다."

"예, 선수의 능력보다 기능성 수영복이 시간을 단축시켰습니다."

이러한 짧은 보도는 소비자의 귀와 눈을 자극시킨다. 우승 선수가 입은 옷이 어느 회사 제품인가를 찾아 구매한다. 기업은 높은 가격에 판매를 하지만 소비자는 가격을 보지 않고 구매한다. 이러한 과정을 통해 기업은 올림픽에 투자한 비용을 얻는다. 간접광고가 소비자의 시선을 집중시키고 상품의 가치를 창출시키는 시대이다.

드라마에 등장하는 간접광고 효과

드라마는 시청자와 소통하는 수단이다. 드라마 스토리에 따라 혹은 등장하는 연기자에 따라서 그 이미지가 결정된다. 따라서 드라마 스토리에 적합한 연기자를 선발하는 것에 드라마의 성패가 달려 있다.

연기자의 외모와 연기력이 시청률을 결정하기도 한다. 유명 연기자가 출연한다면 무조건 마니아층이 시청하기 때문이다. 유명 연기자는 인기몰이를 통해 드라마, 영화의 흥행을 결정짓기도 한다. 때로는 무명 연기자가 드라마 연기를 통해 인기 연기자가 되는 기회를 얻기도 한다.

드라마는 시청자와 소통하는 수단이다. 작가의 스토리와 연기자의 연기가 시청자의 눈과 귀를 열게 만들어 감동시키기 때문이다. 스토리에 감동하고 연기에 흥분한다. 드라마 간접광고는 세계적인 추세이다. 직접적인 광고는 광고라는 생각을 하고 보기 때문에 거리감을 두지만, 드라마 속에서 자연스럽게 나오는 광고는 드라마와 연계하여 생각한다. 광고에 대한 거리감이나 편견이 없는 것이다.

광고주는 상품 특징과 이미지가 어울리는 연예인을 선호한다. 따라서 계약을 할 때 반드시 이미지를 실추하는 행위를 하면 계약 취소와 함께 손해배상의 위약금을 지불한다는 문구를 명시화한다. 이로 인해 많은 연예인이 이미지 실추로 인한 계약 파기와 손해배상을 지불하는 사건이 발생하고 있다.

한 연예인이 장기적으로 광고모델이 되는 경우도 있다. 홍보모델로 인기 관리와 주변 관리를 철저히 함으로써 장기간 하나의 광고에 모델로 활동한다. 홍보업체는 상품 이미지 관리를 위해 연예인을 관리하기도 한다. 광고주 입장에서 지속적인 모델이 상품을 홍보하는 것은 상품의 수명과 연결되기 때문이다. 따라서 광고주는 장기적인 모델을 회사의 홍보담당자로 임명하기도 한다. 드라마나 운동 등의 다양한 직종에서 광고주에게 필요한 홍보모델이 되기 위해 연예인들도 노력한다.

드라마 배경은 소비자에게 향수를 불러일으킨다. 성공한 드라마 세트장은 지역 경제에 큰 도움을 주고 있다. 드라마 세트장을 방문하는 관람객이 지역 경제를 좌우할 정도로 드라마 시장은 확산되고 있다. 한류 열풍을 이끌어 가는 수단으로 드라마 촬영지가 활용되고 있다.

소비자를 어떻게 설득하는가?

인간은 추억을 만들며 살아간다. 광고는 상품 추억을 만드는 방법이다. 광고를 통해 구매욕을 자극시키고 구매를 통해 만족감을 주는 것으로 광고는 홍보만이 아니라 소비자 욕구를 충족시키는 소통의 수단이다. 만든 상품의 가치를 알리고 상품 구매를 통해 무엇을 얼마나 얻을 수 있는가에 대한 구체적인 것을 제시하기도 한다.

건강보조품은 먹어도 되고 안 먹어도 되지만 쉽고 간단하게 건강을 유지시키는 제품으로 효능성을 강조함으로써 구매욕을 자극시키는 광고 전략으로 판매하고 있다. 이처럼 광고주는 소비자의 욕구를 자극시키는 광고를 좋아한다. 허위광고가 증가하는 이유이다.

광고주가 원하는 광고의 방향은 소비자를 자극시키고 구매 욕구를 충족시키는 광고이다. 드라마는 소비자를 이끌어 내는 수단으로서의 효율성이 높다. 특히 주역에 따라서 상품 간접광고의 효과는 상승한다. 광고주는 상품에 적합한 배역을 선호하기도 한다. 드라마 배역이 상품 간접홍보에 이미지를 극대화시키기 때문이다.

그렇다면 드라마 간접홍보가 효율성이 높은 이유는 무엇일까? 소비자 사이에 입소문 확산이 빠르기 때문이다.

"지난번 ○○○가 입고 나온 옷이 너무 세련되었더라!"

"○○ 대사를 하면서 마시던 음료수가 건강에 굉장히 좋은 거래!"

"나도 ○○○가 먹은 것 먹어 봤는데 너무 좋아!"

소비자가 소비를 촉진시킨다. 소비자의 입소문은 신뢰감을 만들기 때문에 좋아하는 연기자를 따라 무조건 구입하고 상품의 우수성을 홍보하는 역할을 한다.

바이럴 마케팅(Viral Marketing)

"입소문"

입으로 전달되는 소통이다. 입소문이 난 집은 장사가 잘된다. 무엇이 입소문을 만들까?

"맛이 끝내줘!"

"무한 리필!"

"서비스가 좋아!"

"싼 가격에 질도 좋아."

"세상에 하나밖에 없는 거야!"

입소문을 만드는 원인이 있다. "아니 땐 굴뚝에서 연기 나랴?"라는 말처럼 무엇인가의 원인이 소문의 진원지가 된다. 이런 소문에는 꼬리가 달린다. 사실적으로 있지도 않는 말들이 꼬리에 꼬리가 달리면서 퍼져 간다. 흔히 인터넷상의 댓글이다. 댓글에는 좋은 말과 거짓이 과장되고 추상적인 비판적인 글들이 책임 없이 달린다. 댓글은 "아니면 말고"라는 식의 소문이다.

입소문 중에는 온라인에서 네티즌의 자발적 연쇄 반응을 노리는 마케팅 활동이 있다. 이를 '바이럴 광고(viral advertising)'라고도 한다. '바이럴(viral)'이란 '바이러스(virus)'의 형용어로, 사람들 사이에서 마치 바이러스처럼 퍼져 나간다는 의미다. 입소문, 구전(word of mouth)에 의존하는 상업적인 마케팅 방식으로 인터넷의 소셜네트워크망을 통해 순식간에 확산하기 때문에 바이럴 마케팅의 효용이 상업 수단으로 이용되고 있다. 동영상, 플래시 게임, 전자책, 브랜드 소프트웨어, 이미지, 텍스트 등이 있다.

입소문에 의한 광고 전략은 광고주에게 매력적인 수단이 되고 있다. 그래서 입소문을 퍼트리기 위한 기업 내 광고 홍보팀이 구성되기도 한다. 댓글로 상품을 알리거나 때로는 허위 글을 올려 판매 수단으로 활용하기도 한다.

조직에서 관리자와 노동자의 소통은 중요하다. 노사 간에 협의가 잘되면 분규나 분쟁이 없어 생산성도 높아지지만, 협의가 장기화되고 결렬되면 생산 중지로 인한 손실이 발생한다.

노사 간의 소통은 기업의 경쟁력에 결정적 요인이다. 노조는 진정성 있는 대화와 협상을 원한다. 사측은 반대로 노조의 진정성 있는 태도를 요구한다. 노사 간에 서로가 진정성을 요구하는 것이다. 그렇다면 진정성이란 무엇인가? 사전적 의미는 진실하고 참된 성질이다. 대화의 진실은 솔직하고 정직한 자세와 언행을 말한다.

"아니, 말할 때마다 달라!"

"어떤 말을 믿어야 하는지 모르겠다."

솔직하지 못하다는 것은 상황에 따라 말이 달라진다는 것이다. 마음에서 우러나는 말을 하지 못한다는 의미도 있다. 마음에서 우러나기 전까지 순수하게 노력한 결과가 있어야 한다. 불리하다고 해서 다른 말로 상대를 설득하려 한다면, 상대도 이미 파악하고 믿음을 버리게 된다. 따라서 처음과 끝이 같은 주장을 해야 한다. 처음과 끝이 다르고 과정이 다르다면 진실성이 없고 솔직하지 못한 것이다. 진정성이 처음부터 없었다고 판단한다. 의도되고 계획된 이야기로 판단한다.

소통에는 조절이 필요하다

서로의 주장을 되풀이하는 것이 노사 간의 문제로 되어 있다. 사측은 경영적 문제만으로 문제를 제시하고 이익의 극대화를 위해 희생을 요구하지만, 노측은 노동의 정당한 대가 지급을 요구하며 노동환경의 개선과 후생복지를 요구한다. 사측은 노측이 필요 이상을 요구한다고 생각하고 노측을 억압하는 경향이 있다. 그렇다면 노사의 바람직한 소통 방법은 무엇인가?

소통에는 조절이 필요하다. 서로가 일정 부분을 공감하고 양보하지 못하면 조절하지 못한다. 소통은 일방적이 아니라 쌍방향적이라는 의미로, 서로 다른 생각을 조절하기 위함이다.

어떻게 생각의 차이를 조절할 것인가? 조절하는 방법이 있다. 평행선을 달리면 영원히 조절하지 못한다. 서로가 조금만 곡선을 그리면 합의점을 만들 수 있다. 이것이 조절하는 방법이다.

서로 다른 점은 인정하고 공감하는 점이 있는가에 따라서 조절된다. 공감하는 부분이 없다면 공감하는 요소를 찾아야 한다. 극한 상황에서도 공감하는 부분은 반드시 있다. 예를 들어 노사가 서로 공감하는 부분이 전혀 없다면 회사의 운명을 놓고 생각하는 방법이다.

이와 같이 공감하는 요소를 찾아가는 것이 조절이다.

노사 소통을 하려면 근본적 원인을 제거하라

노측이 요구하기 전에 사측이 충분한 노동의 대가를 지급하고 후생복지와 노동 환경을 제공한다면 노측의 명분이 사라진다. 과연 노측의 욕구를 사전에 차단시킬 수가 있는가?

삼성은 노조의 설립을 인정하지 않는다. 노조가 요구하는 조건을 사전에 충분히 제공하여 노조의 불만을 사전에 차단시키는 경영

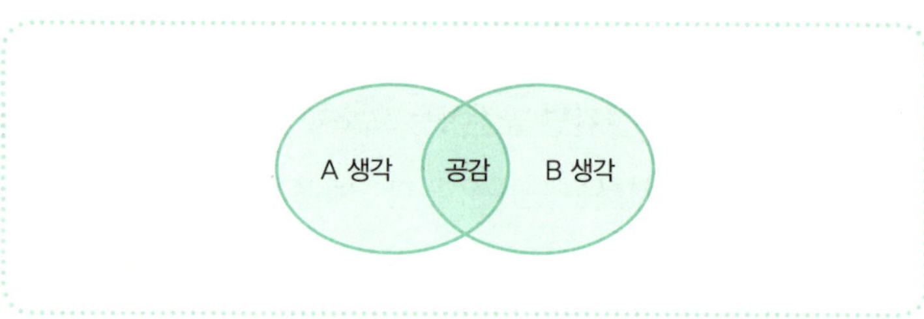

전략도 있다. 문제는 요구 충족이란 사측의 입장에서 결정한다는 점이다. 노조 입장에서 필요한 것이 무엇인가, 불편한 작업 환경과 정당한 노동의 대가를 지급하는 결정을 내리는 것이 중요하다. 대기업 취업을 원하는 이유는 충분한 보수와 안전한 작업 환경 때문이다.

사원은 안정적 기업에서 자신의 능력을 인정받기를 원한다. 기업에 필요한 사원이 되기 위한 노력도 한다. 노사 간의 협력을 추구하는 것이다. 정당한 대우를 받는 사원은 노조에 관심이 없다. 오히려 능력을 인정받아 장기적으로 기업에서 일하기 위한 노력을 한다. 능력으로 기업과 소통하는 것이다.

뿌리가 없다면 나무는 성장할 수 없다. 사원을 생각하고 그에 대한 충분한 대우를 하는 기업에는 노사 분쟁이 없으며 노조에 참여하지도 않는다. 따라서 노조의 뿌리가 없다면 노사 간의 문제도 존재하지 않는다. 형식상의 노조는 문제를 제기하지 않는다. 사측에 의하여 노조가 결성되어 통제되기 때문이다.

노사 간의 소통은 사측이 충분히 사원에 대하여 노동 대가를 지불하고 쾌적하고 안전한 작업 환경을 만들어 주는 것으로 시작된다. 분쟁 요소를 사전에 방비하여 기업의 경쟁력만을 추구하는 기업문화를 만드는 것이다.

노사 간의 마찰 원인이 없다면 노사는 협력하여 서로의 이익을 위해 노력하게 된다. 사측은 기업경영의 근본을 사원에 대한 복지시설과 혜택을 통해 기업경영전략을 세워야 한다. 갈등 원인을 차단시키는 충분한 대화문화가 노사 간의 문제점을 사전에 예방하고 갈등이나 문제점을 해결한다.

노사 소통은 대화 문화에 달려 있다

"지난번 사고의 원인은 노후시설에 있었습니다."

"예, 조사해 보니 작업자가 지적한 내용이 맞았습니다."

"노후 시설을 보수해야 하나요?"

"보수하는 데는 한계가 있습니다. 교체를 해야 할 것 같습니다."

문제가 발생하면 노사가 제한 없이 대화를 해야 한다. 노조는 무조건 시설을 바꿔야 한다고 주장하고 사측은 무조건 할 수 없다고 한다면 해결책을 찾을 수 없다. 서로가 타협점을 찾는 소통이 필요하다.

"시설을 바꾸는 데는 막대한 예산이 필요하기 때문에 단계적으로 해야 한다고 생각하고 있습니다. 그동안 작업자들의 이해를 바랍니다."

"단계적으로 하는 데 동의합니다. 단계적으로 시행하는 일정을 알려 주시면 좋겠습니다."

"그래서 여러분의 협조를 부탁드리는 것입니다. 부분적으로 바꾼다면 무엇부터 해야 하는지를 말씀해 주시면 계획 수립에 도움이 되겠습니다."

이와 같이 대화는 서로의 입장을 이해하면서 자신의 입장을 설명하는 과정이 필요하다. 소통하는 대화는 단계적인 과정이 필요하다. 이러한 대화 문화는 평소부터 준비되어야 한다. 반드시 토론 시간을 만드는 것보다 평소에 노사 간에 대화하는 마당을 만들어야 한다.

대화 마당의 마련을 위해서는 커피를 마시거나 취미생활 등을 함께하면서 평소에 나눌 수 있는 공간이나 프로그램이 필요하다. 사원 간의 취미나 특기를 함께 공유하는 휴식 공간, 여가 공간, 취미 활동 공간, 등산이나 낚시 등의 동호회 조성이 노사 간 평소에 대화하는 공간이다.

노사가 대화할 방법을 찾는 것은 조직의 발전을 위해 반드시 필요하다. 타협과 조절은 서로가 공존하는 방법이라는 것을 알면서도 서로 양보하지 못하는 것은 지나친 욕심 때문이다. 타협은 양보를 전제로 소통된다. 양보 없는 타협은 존재하지 않는다. 얼마를 양보할 것인가를 찾아야 한다.

"차 한잔합시다."

어느 날 갑자기 대화를 하자는 것보다는 평소에 부담 없이 대화하는 분위기를 만드는 것이 중요하다.

"오늘은 잡담하는 날입니다."

특정일을 선택하여 사원 간에 부담 없이 잡담 시간을 하는 것도 대화하는 습관을 만드는 기업문화이다. 때로는 영화나 연극 등을 관람하고 사원 간의 대화를 이끄는 방법도 있다. 대화의 소재가 없으면 무엇을 말해야 할지를 모르는 사람도 있기 때문에 함께 관람했던 소재를 바탕으로 서로의 느낌에 대해 말하는 것이다.

등산은 많은 동호회 활동으로 노사 간에 대화를 나눌 수 있는 기회이다. 함께 땀을 흘리면 산을 오르고 내리면서 평소의 생각을 부담 없이 나누는 동안 서로를 이해하는 시간이 된다. 음식이나 술을 먹으며 평소에 말하지 못했던 이야기를 자연스럽게 소통하는 것이다.

"부장님께서 그런 고민을 하시는 줄 몰랐습니다."

"회사가 그렇게 어려운 줄 몰랐습니다."

사원은 간부의 이야기를 들으면 회사를 이해하고,

"현장에 그런 어려움이 있었군요."

"그것만 바꾸면 간단하게 해결하는 방법이 있었네요."

간부는 현장 이야기를 통해 사원들의 고충과 작업 과정을 이해한다.

책상을 마주 보고 서로가 이런 이야기를 하면 진정성을 인정하기 어렵다. 이 때문에 옥상이나 난간 등의 공간을 활용하여 휴식공간을 만들고 커피를 마시거나 음악을 감상하게 만들어 자연스럽게 대화를 하도록 유도하는 기업이 있다. 다양한 교육프로그램이나 운동경기 등으로 사원 가족이 함께하는 한마음프로그램 등도 대화와 토론을 이끄는 기업문화이다. 구글을 비롯한 세계적 기업들은 다양한 프로그램으로 대화와 토론의 기회를 만들고 있다.

노사 갈등과 소통 부재

'전시행정'이라는 말이 있다. 이른바 보여 주기 위한 행정이다. 외부적으로 나타내기 위한 것으로, 실질적인 가치를 창출하거나 조직에 도움이 되는 것이 아니다. 노조는 이러한 전시행정에 투쟁하고 있다. 국가 행정이나 공기업에서 가장 많이 나타나는 전시적 갈등이지만 기업에서도 발생한다. 소비자에게 보여 주기 위한 막대한 투자를 노조는 반대하는 것이다.

왜 행정직이나 기업은 전시적 투자를 하는가? 경영자의 입장에서는 막대한 전시적 투자를 한다. 국가 행사나 이벤트행사 등에 참여함으로써 기업 이미지를 높일 수 있다고 판단하기 때문이고, 기업이 사회적으로 참여해야 하는 의무라고 말한다. 노조는 전시적 비용을 노조에 투자하면 근로자의 복지혜택이 된다고 주장한다. 이러한 갈등은 소통의 부재에서 발생한다.

"왜 전시적 투자를 해야 하는가?"

"왜 막대한 기금을 내야 하는가?"

설명회가 필요하다. 사원들을 이해시키는 절차가 필요한 것이다. 경영적 문제이니 노조는 관여할 필요가 없다는 인식이 노사분쟁의 원인이 되고 있다. 소통은 사건이 발생하기 전에 서로에게 이해를 구하는 방법이다. 사건이 터지고 난 뒤에 하는 것은 통고이고 해명이다. 노사는 이러한 원인으로 갈등하고 분쟁한다. 소통은 사전에 대화하는 것이다.

"이런 문제가 있습니다. 양해를 바랍니다."

문제에 대한 구체적인 설명을 통해 노사가 이해를 하도록 협조를 부탁하는 것이다. 소통 부재는 상대를 인정하지 않거나 무시함으로 인해 발생한다. 노사는 기업의 한 몸이다. 팔이나 다리가 아프면 몸도 아프다. 공동체의식이 필요하다.

토론하는 습관을 키워라

"발표 시간과 순서는 정해진 대로 진행하겠습니다."

"양측의 의견을 먼저 듣고 서로의 생각을 교류하겠습니다."

"상대가 발표하는 동안은 끝까지 경청해 주시기 바랍니다."

"공격적인 발언은 자제해 주시고 해결 방안 제시해 주시기 바랍니다."

토론은 진정성이 있어야 한다. 토론에서 제시되는 내용에 진정성이 없다면 시간 낭비가 된다. 진정성 있는 토론을 하려면 토론하는 자세와 방법부터 습관화되어야 한다. 노사 간의 토론은 서로의 입장을 주장하여 상대와 싸워서 이겨야 하는 잘못된 생각을 하는 경우가 많다. 협상보다는 투쟁을 위한 토론이 되고 있다.

올바른 토론을 위한 방법이 있다. 토론하는 자세와 방법에 따라 규칙이 필요하다. 문제 해결이나 아이디어 창출을 위한 브레인스토밍 토론 방법이다. 앞에서도 잠깐 언급하였지만, 브레인스토밍 토론 4가지 원칙을 살펴보자.

① 비판 금지
② 자유 발언
③ 다다익선
④ 결합 개선

①번은 토론을 할 때는 상대 발표가 끝날 때까지 기다리고 중간이나 끝나고 난 뒤에도 비판을 위한 비판을 하지 말라는 것이다. 그리고 ②번은 발표는 준비된 내용을 눈치 보지 말고 자유롭게 발언하는 것을 뜻하고, ③번은 서로 다른 의견을 최대한 많이 이끌어 내어 서로 다른 의견을 비교하여 새로운 의견을 도출시키는 것을 의미한다. 마지막으로, ④번은 서로 다른 의견을 결합하여 하나의 아이디어로 만드는 것이다.

어느 날 스티브잡스가 청바지 차림에 신제품을 들고 상품설명회에 등장했다. CEO가 직접 신상품을 소개하는 모습을 보며 소비자는 흥분했다. 모델을 동원하며 제품을 설명하던 방법에서 CEO가 직접 소개함으로써 자신 있는 상품이라는 이미지를 보여 주는 계기가 되었다.

스티브잡스의 청바지 차림은 소비자에게 편안함과 친근감을 주었다. 1998년부터 그는 변함없이 청바지를 입고 신상품 설명을 직접 했다. 잡스의 설명은 상품에 대한 소비자의 친근감을 자극시키며 폭발적인 반응을 일으켰다. 그 후 많은 기업의 CEO가 직접 상품을 소개하는 유행을 만들었다.

CEO가 신상품을 소개한다는 것은 상품에 대한 자신감의 표현이다. CEO가 상품을 보증하겠다는 의미도 있다. 인기 스타에 의한 광고보다 기업의 책임자가 상품을 설명하여 상품의 신뢰성을 높인다.

가장 편안한 청바지에 운동화 차림은 소비자의 눈높이에 맞추어 상품을 개발했다는 기술적 암시도 있다. 싼 가격에 다양한 기능을 가지고 있음을 보여 주는 광고 효과는 소비자 구매욕을 자극시키는

데 성공했다. 명품 청바지가 있듯이 잡스가 소개하는 상품의 명품
성도 강조하는 의미도 있다. 누구나 편리하게 사용하는 상품이라
는 점을 보여 주었다.

소비자와의 소통 방법으로 선택한 청바지

청바지는 누구나 편하게 입는 옷이다. 막노동을 하는 사람부터
전문직에 종사하는 사람까지 남녀노소 누구나 부담 없는 가격에 구
입할 수 있는 만인의 옷이다. 청바지 유행은 청바지 명품을 만들기
도 했지만 대중이 장소에 구애 없이 입는 옷이다. 연예인이 입고
출연하기도 하고 정치인이나 사업가나 교사나 종교인 모두가 편하
게 입는 옷으로, 평상복이면서도 의전이 필요한 장소에서도 입는
다. 스티브잡스는 청바지가 부담 없는 서민의 옷인 것처럼 애플 상
품이 대중이 이용하는 상품이라는 것을 암시한 것이다.

에이스테크놀로지 구관영 회장은 청바지 경영을 주장한다.

"고등학교 때부터 청바지를 즐겨 입었죠. 청바지를 입으면 행동
이 편하고 자유롭기에 사고도 유연해집니다. 제 뜻과는 상관없이
공식 행사의 뒤풀이나 골프장에 청바지 차림으로 갔을 때 몇몇 사
람은 '멋지다'고 인사말을 하지만 뒤에선 흘깃거리기도 하죠. 하지
만 요즘은 많이 유연해지고 관대해진 것 같아요."

소셜네트워크서비스(SNS) 1위 업체 마크 저커버그가 스마트폰 세

계 1위 업체 삼성전자 방문할 때 검정색 후드 티셔츠에 청바지, 운동화를 신은 30대 청년이었다. 주변에서 흔히 볼 수 있는 청바지 차림의 한 청년이 은색 승합차에서 내려 건물로 들어갈 때, 평범한 청년사업가의 성공 비결이 보는 것 같았다. 페이스북이 소비자와 소통하는 기업이라는 의미를 후드와 청바지에서 볼 수 있었던 것이다.

소통은 기본의 틀을 깨트려야 하는 경우가 많다. 고정관념과 제도, 제도나 규칙을 깨야 원만한 소통이 교류된다. 기득권을 주장하거나 갑질을 한다면 원만한 소통은 교류되지 못한다.

소비자와 소통하는 방법

소비자는 무엇을 원하는가? 소비자를 속이는 기업이 많다. 소비자의 눈과 귀를 닫게 만들어 막대한 피해를 주는 상품도 있다. 대표적으로 옥시 사건은 세계적으로 소비자를 속이고 소비자를 희생시킨 사건이다.

페이스북은 지인들과 실시간으로 소통하는 공간이다. 세계인들이 페이스북 공간에서 다양한 정보와 이야기로 소통을 하고 있다. 필자도 페이스북을 통해 많은 지인들과 만나고 있다. 인터넷에서 소통하는 6가지 비결이 있다.

① 짧은 글을 올려라.

② 지치게 업데이트하지 마라.

③ 업데이트 시간을 설정하라.

④ 인간적인 모습도 보여 줘라.

⑤ 팬의 참여를 유도하라.

⑥ 팬들의 반응에 피드백을 하라.

소비자는 길게 설명하는 것을 원하지 않는다. 간결하고 명확한 설명을 요구하며, 상품 문구나 설명도 마찬가지이다. 바쁜 생활 속에 길고 지루한 이야기를 듣지 못한다. 소비자는 자신에게 관심을 가져 주고 피드백해 주는 것을 은근히 바란다. 인간적으로 대화하기를 원하는 것이다. 지나치게 상업적이고 상술적인 접근은 피한다. 필자 주변에 만나면 사업 이야기를 하는 친구가 있다. 가능하면 마주치는 것을 회피하게 된다.

인기 있는 친구처럼 소통하라

인기 있는 친구는 누구일까? A와 B의 두 가지 상황을 살펴보자.

A상황 : 돈이 많은 친구, 사업으로 성공한 친구, 사회적으로 명성이 있는 친구

모두가 부러워하는 직업이고 성공자이지만, 진정한 친구는 자신

의 이야기를 들어 주고 외롭거나 쓸쓸할 때에 함께해 주는 친구가 진정한 친구이고 인기 있는 친구이다. 단순한 재미를 가진 인기보다는 믿음과 신뢰를 가지고 있는 친구이다. 인기 있는 친구는 진정성을 가진 친구이다.

B상황 : 아쉬울 때면 찾아오는 친구, 필요한 것만 요구하는 친구 이기주의적이고 편파적이며 진실성이 없는 친구는 거리감을 가지게 된다. 뒷말을 자주 하거나 남을 비난하고 비평하는 친구도 거리감을 두게 된다. 잘못하면 뒤돌아 내 욕을 할 친구라고 생각하기 때문이다.

인기 있는 친구는 A상황이다. 친구가 무엇을 원하고 필요로 하고 있는가를 파악하고 친구의 말벗이 되어 주는 친구가 인기가 있다. 단순한 위트나 유머감각보다는 믿음과 신뢰를 주는 친구가 필요하다. 따라서 진정한 소통은 말보다 행동으로 소통하는 것이다. 재미있게 말하는 친구는 화기애애한 분위기를 이끌어 가는 인기는 있지만 진정성이 부족한 경우가 있다.

스티브잡스는 소비자의 눈높이에 맞춰서 상품을 소개하기 위해 청바지 속에 들어 있는 대화로 소통했다. 그리고 보이지 않는 진실을 전달하는 데 성공했다. 소비자가 원하는 것은 상품의 가치로, 실질적인 기능이 도움이 되는가에 대한 판단을 한다. 외형만 화려하고 기능이 충실하지 못하면 외면한다.

구멍 난 청바지의 매력

멀쩡한 청바지를 찢고 구멍을 내어 헌 바지를 만들어 팔고 있다. 마치 길거리 노숙자의 옷처럼 헌옷이 고가에 팔리고 있다. 새 옷을 헌옷으로 만들어 파는 것이 유행이다. 구멍 난 청바지를 사는 이유는 무엇일까?

일시적인 유행이라고 보기보다 오랫동안 이어지고 있다. 찢어진 바지가 전통성을 암시하기 때문이다. 오랫동안 입어 구멍 났다는 것을 암시한다. 헌 옷이 유행하는 것은 사람의 가치를 인정받기 위한 행동 때문이다. 풍부한 경험과 능력을 가진 사람이라는 것을 풍미하는 행동 말이다.

구멍 난 청바지를 리폼 하는 것도 유행이다. 찢어진 청바지에 새로운 천을 덧대거나 모양을 붙여서 새로운 느낌을 주는 것이다. 버릴 것 같은 옷을 새로운 바지로 만들어 내는 것이 청바지의 또 다른 매력이 되고 있다. 이와 같은 소비자의 심리가 욕구의 다양성으로 나타나는 것이다.

스티브 잡스는 이러한 소비자의 욕구를 충족시키는 데 성공했다. 애플 상품이 다양한 기능으로 소비자의 욕구를 충족시킬 수 있다는 것을 보여 주었다. 긴 설명보다 간단하게 입은 청바지를 통해 소비자와 다양한 소통을 했던 것이다. 청바지의 매력이 애플 상품의 매력으로 부각되었다.

"누구나 편안한 청바지와 같은 애플"

설명 없이 전달되는 메시지는 강한 인상을 만든다. 간접광고의 효과에서 설명했듯이 청바지는 간접광고의 효과를 창출했다.

상대를 편하게 하는 소통

소통은 자연스러워야 한다. 어떻게 무슨 말을 하지? 심리적 부담이 소통을 어렵게 만든다. 평소에 이야기하듯이 자연스런 소통이 상대의 마음을 움직인다고 했다. 청바지는 이웃집 아저씨처럼 편하게 다가와서 하고 싶은 이야기를 들려주고 가는 소통의 수단이다.

"지금부터 내 말을 잘 들어야 해?"

"중요한 정보이니 정신 차리고 들어!"

말을 하기 전에 상대를 긴장시키면 심리적 부담이 커진다. 마음의 부담은 언어와 행동을 억제시킨다.

"어떻게 해야 하나?"

"무슨 질문을 하지?"

행동을 억제시키고 언어를 제한시키는 것은 긴장이다.

"실수를 하면 안 되지."

스스로 통제하는 것이 아니라 상대를 의식하여 눈치를 보면서 행동과 언어를 통제하기 때문에 자연스런 행동이나 생각을 하지 못하게 된다.

"이웃집 아저씨가 이야기한다고 생각하세요."

상대를 편하게 해 주는 말이다. 웃으며 지나가듯이 말하지만 상대는 부담을 느끼지 않는다. 이웃집 아저씨는 지나가는 사람이기 때문에 부담을 느끼지 않는 것이다. 실수를 해도 무방하다고 생각한다. 귀 담아 듣지 않는다고 생각하기 때문이다.

햄버거 가게 앞에 서 있는 할아버지를 보고 아이들이 부담 없이 가게로 들어가는 것도 편하게 소통하는 방법이다. 할아버지가 만들어 준 햄버거를 먹고 싶다는 구매 욕구를 자극시키는 소통이다. 청바지와 햄버거 할아버지의 평범한 복장이 소비자의 마음을 편하게 만든다.

"인상 좋습니다."

"부장님은 언제나 웃으시는 모습이 편합니다."

"인상이 좋다.", "편하다"와 같은 말을 듣는 사람은 상대에게 좋은 이미지로 기억된다. 마음은 여린데 인상이 험하거나 깊은 주름이나 거친 얼굴을 가진 사람들은 이미지 문제에서 손해를 본다.

"저 마음은 여립니다."

아무리 설명을 해도 상대는 거부감을 느낀다. 대인관계에서 얼굴은 상대에게 주는 이미지로 중요하다. 매일 아침 일어나면 가장 먼저 보는 것이 거울이다. 거친 얼굴이면 세수를 하고도 화장을 하게 된다. 주름을 가리고 거친 피부를 부드럽게 만드는 노력을 한다. 요즘은 남자도 화장을 한다. 얼굴 이지미가 대인관계에서 결정적인 역할을 하기 때문이다.

인상은 이미지 전달의 핵심이다. 조직 생활에서 얼굴 표정과 의상은 상대에게 이미지로 전달되기 때문에 철저한 관리가 필요하다. 말이 부드러워도 인상이 강한 이미지를 준다면 웃는 표정 관리로 개선해야만 한다.

하회탈이나 할미탈은 전통적인 이미지 탈이다. 웃으며 화를 내는 사람은 없다. 웃음은 상대에 대한 배려이고 나눔이다. 말을 하지 않아도 미소는 마음을 전달하는 수단이다. 인상은 그 사람의 내면을 보여 주는 수단이기도 하다. 웃는 인상을 가진 사람은 성격도 온순하고 긍정적이기 때문이다. 인상을 보고 사람을 평가하는 이유는 인상이 내면을 보여 주기 때문이다.

"인상이 좋으세요."

이미지가 좋다는 평가이다. 이미지가 좋아 보이기 때문에 긴장하거나 경계하지 않는다는 표현이다.

하트 이미지 소통

"사랑합니다."

하트는 사랑을 의미한다.

전쟁에서 참가했던 아들이 수년 만에 편지를 보냈다. 어머니는 반가움에 편지를 열었다. 편지지에는 아무런 글자도 없었다. 단지 하트 그림 하나가 가운데 그려져 있었다. 아무런 글자로 없는 편지를 어머니는 가슴에 간직하고 웃었다. 아들 걱정으로 잠을 이루지 못했던 어머니는 비로소 깊은 잠을 잘 수 있었다. 어머니의 가슴에는 항상 아들이 보낸 편지가 놓여 있었다.

오랜 전쟁에서 돌아온 아들이 어머니를 보려고 현관문을 열었다. 너무 오랜 시간이 지나 어머니는 지친 나머지 쓰러져 있었다. 눈을 감은 어머니의 가슴에는 어머니가 두 손을 모아 잡고 있었다. 아들이 어머니의 손을 잡는 순간, 어머니의 손에는 아들이 보낸 편지를 꽉 쥐고 있었다. 아들은 어머니를 감싸 안으며 울었다.

수많은 글보다 아들이 그린 하트 그림에서 어머니는 아들의 마음을 이해했다. 어머니는 편안하게 미소를 지으며 아들이 돌아오기를 기다리다 세상을 떠난 것이다. 하트 그림으로 어머니는 아들과 소통을 했던 것이다.

영국 병사는 어머니에게 보낸 편지에 마침표 하나만을 찍어 보낸 적이 있다. 아무도 무슨 뜻인지 알지 못했지만 어머니는 이해를 했다.

"잘 지내고 있습니다. 전쟁을 마치고 무사히 돌아가겠습니다."

이러한 아들의 사연을 어머니는 이해하고 아들을 기다렸다고 한다. 이처럼 아무도 이해하지 못하는 문자나 그림을 보고 수많은 메시지가 전달되는 것은 문자와 그림이 지니고 있는 이미지 때문이다. 굳이 사랑한다고 말하지 않고 그립다고 말하지 않아도 사랑과 그리움을 전달하는 것이 이미지이다. 서로가 이해하고 교류하는 소통에는 수많은 설명이 필요하지 않다. 청바지와 할아버지 얼굴이 소비자에게 전달하는 메시지도 같다.

보디랭귀지(Body Language)

이미지의 간접언어가 진정성 있는 소통 방법이 되고 있다. 비언어적 의사소통 방법이지만 실질적인 의사소통으로 사용되고 있다.

"손짓, 몸짓이면 다 통해요."

외국어를 잘하지 못하는데 20여 개국을 여행했다는 사람의 말이다. 이처럼 비언어가 감정을 전달하는 데 도움이 되기도 한다. 사람의 몸짓이나 손짓, 눈빛, 얼굴 표정 등은 비언어의 수단이다. 행동을 보고 상대가 무엇을 말하는지를 파악하는 것은 감성적 판단이다. 다문화 가정의 외국인이 한국에 적응할 때 비언어로 소통하는 경우가 많다. 눈치로 소통하는 것이다.

어머니는 아이의 표정만 보고도 무엇을 원하는지를 직감한다. 먹을 것을 달라는 것인지, 기저귀를 갈아 달라는 것인지, 아프다는 것인지를 표정에서 읽는다. 이를 '교감'이라고 말하기도 한다. 서로가 말없이 소통하는 것이다.

비언어는 동물 관계에서도 통용된다. 동물의 표정이나 행동을 보고 무엇을 원하는지를 알 수 있다. 동물도 웃는 표정이 같고 화를 내거나 성이 나면 흥분하는 표정도 같다. 주인에게 복종하면 꼬리를 흔들고 몸을 낮추며 땅에 몸을 비비는 행동 등은 동물적 비언어이지만, 상대에게 복종이나 충성심을 표현하는 소통이다. 동물 애호가는 동물의 동작이나 행동을 보고 동물의 몸 상태를 파악하기도 한다. 이렇듯 비언어는 동물적 소통 수단이다.

언어가 비언어를 통해서 전달되기도 한다. 사랑이라는 말을 대신하여 손가락 두 개를 포개어 사랑을 표현하는 방법은 언어가 달라도 세계적으로 소통하고 있다는 증거이다. 언어로는 소통하지 못하는 것이 두 개의 손가락으로 소통이 가능해진 것이다.

비언어는 감정에 의한 느낌이다. 때로는 감성을 자극하는 수단이기도 한다. 소리 없이 전달되는 감정이다. 언어는 꾸며질 수 있으나 비언어는 진실 그대로 감성이나 감정이 표현되어 전달된다.

놈코어(Normcore) 스타일

스티브 잡스의 검은 터틀넥과 청바지, 운동화 패션을 보고 어떤 누구도 그에게 '패셔니스타'라고 말하지 않았다. 우리가 흔히 생각하는 패션을 좀 안다 하는 사람들의 특징을 떠올릴 때, 과감한 색을 매치하고 특이한 디자인의 옷과 액세서리를 하는 사람들을 생각하기 때문이다.

2015년 패션 트렌드는 '놈코어' 룩으로, 사람들의 관심이 집중되었다. 놈코어(Normcore)는 '일반적'이라는 뜻의 '노멀(Normal)'과 '핵심'이라는 뜻의 '하드코어(Hardcore)'가 합쳐져서 만들어진 신조어로, 평범하면서도 세련된 옷차림을 나타내는 패션 스타일을 말한다. '놈코어'라는 단어는 2005년 공상과학 소설가인 윌리엄 깁슨이 자신의 소설 '패턴 인식(Pattern Recognition)'에서 주인공의 옷차림을 묘사하며 붙여지기 시작했다.

2013년 10월 미국의 트렌드 예측 그룹인 케이홀이 놈코어를 "다르지 않음에서 오는 자유로움을 추구하는 태도"라고 밝히며 새로운 현상으로 제시했다. 대중에게 알려지기 시작한 것은 2014년 초 뉴욕 매거진에서 놈코어를 패션 트렌드로 소개되며 알려졌다.

놈코어 패션의 특징은 다른 패션에서 찾아볼 수 없는 평범함과 자연스러움에서 찾을 수 있다. 일반적으로 남들과 다른 것을 추구하는 패션 스타일과 달리, 옷을 통해 자신이 구별되는 것을 원하지 않는 것이다. 물 빠진 청바지, 피케셔츠, 야구모자, 클래식한 리바이스 데님, 바람막이, 깨끗한 면 티셔츠, 뉴발란스 운동화, 트레이닝팬츠, 터틀넥 스웨터, 버킷 모자 등 누구나 가지고 있는 의상이고 의류품이다.

놈코어 패션은 입었을 때 움직임이 편한 유연한 소재를 주로 사용하고, 검정색이나 회색, 톤 다운된 파란색 등으로 유행에 따르지 않고 소유하고 있는 의류로 편하게 자신의 개성을 나타내는 스타일이다.

계약서는 갑과 을로 구분된다. 갑은 갑질을 할 수 있는 사람을 의미한다. 가진 자는 갑질로 자신을 과시하려는 착각을 한다. 언제부터인가 사회에서는 '금 수저, 흙 수저'라는 유행어가 사용되고 있다. 타고날 때부터 금 수저를 들고 나오는 사람과 흙 수저로 평생을 을이 되어 고생하는 사람으로 구분하는 말이다. 과연 사람을 차별하는 것이 옳은 것인가?

갑과 을은 명령하는 사람과 명령을 받는 사람으로 구분된다. 만약 을이 없다면 갑도 존재하지 않는다. 상황에 따라서 갑과 을은 언제든지 바뀔 수 있다.

"영감님, 미안하지만 저쪽으로 비켜 주세요."

청년이 노인에게 무조건 자리를 양보하라고 한다. 노인은 어이가 없어 청년을 쳐다보고만 있었다.

"거기 내가 맡아 놓은 자리예요!"

쳐다보는 노인을 향해 험한 인상을 쓰며 큰소리를 친다. 노인은 주저 없이 자리를 내주고 피해야 했다. 늙어서 힘없고 남루한 옷차림에 청년과 대립한다는 것이 싫었다. 그 노인은 한때 국무총리를

지냈던 유능한 정치가이었고 대학에서 오랫동안 강의를 했던 법률
학자로 유명 교수이었지만 그를 인정하지 않는 청년에게는 힘없는
노인일 뿐이었다.

상황에 따라 갑과 을은 바뀌는 것이 사회이다. 내가 운전을 할
때는 내 마음대로 가지만, 남이 운전하는 차에 타면 운전하는 사람
에 따라서 동승해야 한다. 언제든지 갑과 을은 바뀌는 것이다. 두
시간 이상을 운전하면 피곤함이 온다. 함께 동승했던 사람과 바꾸
어 운전을 교대로 하면 서로 피곤함을 줄일 수 있다. 문제는 함께
동승한 사람이 운전을 할 수 있는가이다. 동승한 사람이 운전 능력
이 있다는 것은 공감대를 말한다. 서로가 도우며 상생하면 피곤함
도 줄어들고 사고도 예방할 수 있다.

상생하는 소통

'갑을계약서'를 '동행계약서'로 바꾸어 새로운 바람을 일으키는 아
파트가 있다. 성북동아파트는 모든 계약서의 명칭을 '동행'이라고
바꾸었다. 경비원 채용 계약서에서는 아파트가 '동'이고 경비원은
'행'이 된다. 아파트에 들어오는 업자 관계도 '동'은 아파트이고 업
자는 '행'이다. 갑과 을의 갑질 관계를 없애고 같은 동격으로 동행
이라고 서로의 관계를 바꾼 것이다.

"내가 사는 아파트다!"

이 아파트에 수리를 하거나 납품을 하는 업자는 동격의 입장에서 한 번쯤 이런 생각을 하게 만든다고 한다. 단순한 업자가 아니라 자신이 살고 있는 집이라는 개념을 가지게 만드는 것이다. 아파트에 거주하는 사람과 관리하는 사람이 동행 입장에서 함께 동고동락하는 것이다.

아파트 경비실에는 주민들이 과일, 떡 등을 가지고 온다. 무더위에 시원하게 지내시라고 집에 사용하지 않는 에어컨을 작은 경비실에 달아 주고 전기세는 아파트가 공동 분담한다.

우리는 언제부터인가 갑과 을을 구별하며 살고 있다. 갑은 갑질을 위한 소통을 주장하며 갑의 위상을 세우려 하고, 을은 갑과의 대결을 위한 소통 방법을 찾는다. 서로 진정한 소통을 할 생각이 처음부터 없는 것이다.

그런데 "내 집을 어떻게 꾸밀까?"를 생각하게 되면, 아파트를 수리하는 업자는 자재 하나라도 더 좋은 것을 쓰게 된다. 오물을 버릴 때 주민은 주변 환경을 생각하고 버리게 된다. 서로의 입장을 생각하고 스스로 행동을 조심하는 것이다. 조건이 환경을 만들었고 환경이 행동을 변화시킨 것이다. 이처럼 소통은 주변의 모든 것을 바꾸어 새로운 분위기를 만드는 촉매제 역할을 한다. 약에 감초가 없으면 효능이 없다고 하듯이 소통을 하기 위해서는 상대 입장을 생각하는 습관이 필요하다. 배려하는 소통, 나눔의 소통이 시너지를 만드는 것이다.

삼성의 소통 문화

'갤럭시노트7'의 발화는 스마트폰 시장에 커다란 이슈가 되었다. 미국, 한국, 중국 등의 스마트폰 업계는 치열한 경쟁을 하고 있다. 보이지 않는 전쟁이다. 천문학적인 매출은 국가의 경쟁으로 확산되기도 한다.

'갤럭시노트7' 발화 논란 9일 만에 전격적으로 이뤄진 리콜 결정에는 삼성 내부의 '젊은 피'부터 수뇌진에 이르기까지 쌍방향 의사소통의 힘이 크게 작용했다. 자신에게 주어지는 PS(성과급: 연봉의 50%)를 반납하더라도 제대로 된 소비자 대응이 필요하다는 새내기 직원들부터 십수 년차 삼성맨에서 최고 경영자 수뇌부까지 '품질이 먼저'라는 삼성맨의 장인정신이 전량리콜이라는 방법을 선택했다.

삼성 경쟁사 애플이 새로운 상품 출시를 앞둔 시점에서 신상품 전량리콜이라는 강수를 던진 것은 상품의 신뢰성을 유지하기 위한 극단이었다. 소비자의 외면은 상품 생명을 단축시킨다. 신입사원에서 수뇌부까지 리콜에 동의한 것은 소통이었다. 삼성 이미지를 유지하는 것이 상품 판매나 개발보다 중요하다고 판단했던 것이다.

이건희 회장은 판매된 휴대폰을 새 제품으로 교환해 주고 1995년 3월 9일 구미공장에서 500억 원에 이르는 회수된 휴대폰 15만 대를 전 직원이 보는 앞에서 불태웠던 적도 있다. 이처럼 기업은 소비자와 신뢰를 소통하면서 경쟁력을 창출한다. 10만 대에서 1명의 불만이라도 발생해서는 안 되는 것이 신뢰성을 유지하는 방법이다. 신뢰를 위한 기업은 불량률을 최소화시키는 전략을 추진하고 반복하여 작업 과정을 점검한다.

정부 3.0 소통 문화

생산자단체, 소비자단체, 학계 등이 참여하여 공공정보를 개방·공유하고 소통과 협력을 강화하는 등의 '정부 3.0'이 정부 각 부처에서 실시되고 있다. 과연 폐쇄적이고 갑질을 하던 정부 부처가 생산자, 소비자, 학계의 이야기에 귀를 열 것인가? 요식적이고 보고적인 업무 차원에서 하는 것은 아닌가? 많은 사람들은 의혹을 가지고 있다.

소통은 신뢰를 바탕으로 교류된다고 했다. 정부가 생산자, 소비자 등에게 관심을 가진다는 것부터가 변화이다. 서로가 변화를 위한 소통에 동참한다는 긍정적 생각을 하여야 정부가 추진하는 3.0이 성공할 수 있다. 신뢰 형성을 위해 정부는 많은 불신을 제거하는 방안을 실시해야만 한다. 정부가 먼저 실행해야만 신뢰를 만들 것이다.

"국민과 소통하겠습니다."

모든 정부는 국민과 소통하겠다고 말을 하지만 실천하는 소통은 드물다. 말로 하는 소통은 소통이 아니다. 상대와 교류하고 행동하는 소통이 되어야만 한다. 수많은 정책을 만들고 실천하지 못하면 낭비가 된다.

"찾아가는 행정"

국민이 행정기관을 찾아가는 것보다 공무원이 국민을 찾아가서 애로사항을 청취하여 새로운 정책을 수립하고 국민에게 필요한 지원을 하는 행정을 말한다. 갑과 을 관계를 행동으로 실천함으로써 마치 동행을 하는 사이로 만드는 행정이다.

흔히들 공무원을 경직된 조직이라고 한다. 지나치게 원리원칙을 규정에 의하여 처리하기 때문이다. 소통은 서로의 입장을 고려하여 조절하는 방법이라고 했다. 따라서 원리원칙이 현실에 맞지 않으면 조정하여 국민에게 유익하도록 행정을 처리하는 융통성을 가진 정부를 추진하는 가운데, 소통을 못하는 사람은 실적을 올리지 못하고 있다.

급변하는 시대에 요구되는 시너지 창출

세계는 급변하고 있다. 인류는 산업 발달로 혁명을 이끌어 왔고, 혁명을 이끌어 온 산업은 기술 발달이었다. 하나의 기술이 발달하기까지는 많은 과정이 필요하고, 과정을 이끌어 온 것은 대화와 토론의 소통이었다.

일류는 지속적으로 시너지를 창출하여 경쟁력을 만들었다. 개인의 기술은 조직의 경쟁력을 만들었고, 조직의 경쟁력이 국가의 힘으로 창출되어 선진 국가들이 세계를 이끄는 원동력이 되었다. 지구촌이 하나의 공동체로 같은 시간에 소통하면서 시너지 창출은 개인이나 조직, 국가의 핵심으로 부각되었다.

"당신의 특징은 무엇인가?"

"기업의 경쟁력은 무엇인가?"

"국가의 힘은 무엇인가?"

개인과 개인의 특징이 융합되면서 새로운 시너지로 만들어진다. 하나의 특징과 또 다른 특징을 어떻게 융합시킬 것인가? 소통 방법에 따라서 시너지의 효과도 다르게 결정된다. 부분적인 소통을 할 것인가? 총체적인 소통을 할 것인가? 이는 소통 방법에 따라서 교류되는 정보가치가 다르기 때문이다.

총체적인 소통에는 어떤 제약이나 규약도 존재해서는 안 된다. 아무런 제한 없이 모든 것을 교류하는 방법이다. 아무런 제한이 없다는 것은 상대적 존중에서 시작된다. 절대적으로 상대를 신뢰하지 않는다면 무조건 상대 의견을 존중하지 못하기 때문이다.

시너지는 제로(0)에서 시작된다. 백지 상태에서 서로의 정보를 교류하면서 공통점과 차이점의 비교를 통한 발견과 해결을 위한 소통이 새로운 것을 찾아내는 방법이다.

소통의 끝은 없다

"언제까지 토론할 것입니까?"

"끝장 토론하자면서요?"

토론을 전쟁처럼 생각하면 올바른 토론이 아니다. 서로의 생각을 비판하면 말싸움이다. 토론은 말싸움이 아니라 서로 다른 생각의 차이점을 찾아내어 공통점으로 만들어 가기 위한 소통이다.

"네가 포기하면 끝나는 거야!"

"절대 포기할 수 없지!"

말싸움은 포기하는 사람이 지는 것이지만 토론에는 승자도 패자도 없다. 누가 새로운 생각을 만들어 낼 것인가의 시너지 창출에 있다. 끊임없이 새로운 것을 찾을 때마다 새로운 소통이 필요하다. 100% 서로가 신뢰하는 상태에서 소통하지 못하면 새로운 소통을 하기 어렵다. 이처럼 시너지는 소통에 의하여 끝없이 만들어진다.

"박사님의 이론에 전적으로 동의합니다."

연구와 개발은 이론을 바탕으로 추진된다. 상대이론을 단순한 주장이라고 판단한다면 막대한 예산을 투자할 수 없다. 이론적으로 성립된 자료를 바탕으로 새로운 기술이 만들어진다. 이론을 바탕으로 서로의 생각을 지속적으로 교류하면서 하나씩 문제를 풀어 가는 것이 기술개발이다. 신기술이 개발되기까지 끝없이 대화하고 토론한다.

'끝장'이라는 단어를 긍정적으로 생각하는 습관이 필요하다. 마지막이라는 생각보다는 지속적으로 생각하는 방법으로 생각하는 긍정성이다. 신체적 불구로 태어난 사람에게 희망은 없어 보이지만, 의외로 신체적 악조건에서 악기를 연주하거나 노래를 하는 사람들이 있다. 노력이 시너지를 만드는 것이다.

생각을 넓혀 주는 시너지

"아하, 미처 그 생각을 못했었네!"

이야기를 조건 없이 듣다 보면 미처 생각하지 못했던 것을 상대가 이야기하는 경우가 있다.

"내가 왜 그걸 생각하지 못했지?"

자신이 최고 전문가라고 생각했는데 전문성이 없는 일반인이 자신이 생각하지 못하는 것을 지적할 때가 종종 있다. 비전문가는 사용자 입장에서 불편성을 이야기하고 필요성을 이야기하기 때문에 전문가 입장하고는 다르다.

중요한 것은 전문가가 만드는 것을 사용하는 것은 소비자라는 것이다. 따라서 소비자 입장에서 생각하는 방법이 시너지를 창출하는 방법이 된다.

"뻔한 이야기를 하는 것이지."

상대를 지나치게 무시하는 경향이 새로운 발상에 있어서 장애요인이 된다.

"작은 부분도 놓치면 안 된다."

선배가 후배에게 당부하는 말이지만, 후배는 '작은 부분'이라는 말을 이해하지 못하는 경우가 많다.

"무슨 말이지, 뭐가 작다는 거야?"

알았다고 대답을 하고도 무엇이 작은 것인지 알지 못하는 경우가 많다.

"어른이 하는 말에는 경험이 있다."

"스쳐 가는 바람에도 사연이 있다."

이 말은 지나쳐 가는 모든 것을 유심히 살펴보라는 의미이다. 아무런 관계도 없이 스쳐 가는 바람이지만 이유가 있다는 것이다. 스쳐 가는 바람도 관찰하는 사람이 상대 이야기 속에서 중요한 정보를 찾아내어 새로운 것을 만들어 내는 시너지 효과를 만든다.

에니어그램(성격 분석)을 통해 알아보는 각 유형별 소통 방법

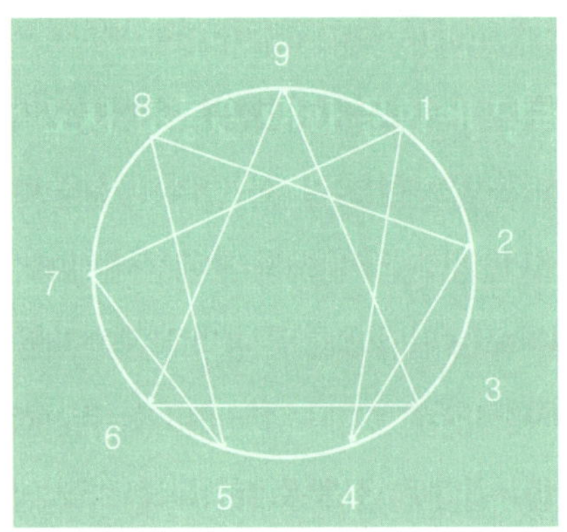

Enneagram = Ennea(아홉) + Grammos(그림)

'아홉 가지 성격 유형'이라는 의미의 에니어그램은 모든 사람의 성격을 아홉 가지 유형으로 나눌 수 있다는 기본적 사고방식에 입각해 각자의 감정이나 행동의 원천과 본질을 찾아내는 인간학이다.

에니어그램의 역사

에니어그램은 약 2500년 전, 지금의 아프가니스탄 지방에서 생겨나 6세기경 이슬람교의 수니파에 비전되어 계승되었다. 이후 20세기 중엽 미국 스텐포드 대학의 심리학자들을 중심으로 이에 대한 연구가 추진되어 과학적인 가치가 인정되었고, 한국에서는 1980년대 말 천주교에 의해 처음 도입된 이후 그 정교한 분석력과 정확한 진단으로 MBTI와 쌍벽을 이루는 성격 유형 검사법으로 각광받고 있다.

미국의 스텐포드, 타우슨, 로욜라, 캐나다의 토론토 등 우수의 대학들이 에니어그램 발전에 기여하고 있으며, GE, AT&T, 모토로라, 제록스 등의 기업에서 인사관리와 조직 운영에 이를 적극 도입해 적용되고 있을 만큼 신뢰도가 높은 것으로 알려져 있다.

에니어그램의 목적

고대 최고의 지혜와 현대 심리학의 통찰을 통하여 우리가 일상생활에서 직면하는 다양한 성격을 정확하게 이해할 수 있도록 하는 진단 도구이다. 내적 여정을 통해 영적 존재로서의 근본적인 모습을 재발견하게 하고, 인간관계 개선, 전인지향, 자아실현에 도움을 준다.

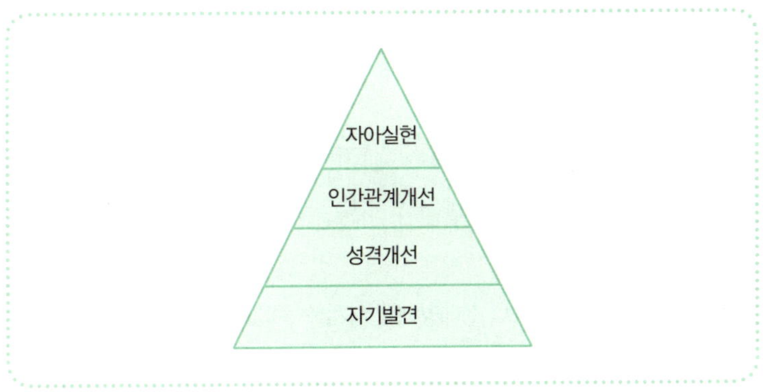

아래의 설명을 잘 읽어 보고, 자신의 성격이라 생각되는 부분에 체크하여 자신이 어느 유형에 해당하는지 알아보자.

본 검사는 간략형 검사(약식 검사)로서 보다 정확한 자신의 유형 파악을 원하면 정식 검사를 받을 것을 추천한다.

A

- □ … 자기주장이 강하고 자존심이 세다.
- □ … 주도적이고 지시적, 명령조로 말한다.
- □ … 추진력, 설득력이 강하며 힘이 있어 보인다.
- □ … 감정 표현이 매우 직선적이다.
- □ … 약자에게는 약하고 강자에게는 강하다
- □ … 어떤 모임이나 조직에 가서도 리더가 되려 한다.
- □ … 말과 행동이 즉흥적이다.
- □ … 도전정신이 뛰어나다(나에게 불가능이란 없다).
- □ … 일을 맡으면 빠른 속도로 추진한다.
- □ … 욱하는 성질이 있다(다혈질이다).
- □ … 독불장군 같다.
- □ … 일방적이다 보니 상대방에게 상처를 준다.

□ … 말을 하는 쪽보다 잘 듣는 편이다.

□ … 내가 인정하지 않아도 상대를 수용하고 배려한다.

□ … 늘 평화스러움을 추구한다.

□ … 차분하고 조용하다.

□ … 다른 사람과 갈등 상황을 만들지 않는다.

□ … 겉은 부드러우나 속은 강하다(외유내강).

□ … 조정, 중재를 잘한다.

□ … 협력을 잘한다.

□ … 남에게 편안함을 준다.

□ … 속고집이 있다.

□ … 일을 미뤄 놨다가 끝에 몰아서 한다.

□ … 무뚝뚝하고 애교가 없다.

C

□ … 정리정돈을 잘한다.

□ … 준법정신이 뛰어나서 신고도 잘한다.

□ … 약속 시간은 칼같이 잘 지킨다.

□ … 책임감이 강하고, 자기 자신에게도 철저하다.

□ … 일(업무)을 정확히 처리하고 예의바르고 단정하다.

□ … 깐깐하고 보수적이며 체계적이다.

□ … 정직하고 꼼꼼하고 끈기가 있다.

□ … 책임감과 충성심, 용의주도하다.

□ … 판단을 잘한다(상대는 취조받는 느낌).

□ … 원리 원칙적이다.

□ … 까다롭다.

□ … 융통성이 없다.

D

☐ … 다른 사람을 사랑하고 사랑받고 싶어 한다.

☐ … 남을 칭찬하고 잘 격려한다.

☐ … 남을 돕는 일에 적극적이다.

☐ … 순종형이며 정이 많다.

☐ … 관대하며 이해심이 많다.

☐ … 다른 사람을 잘 섬긴다.

☐ … 인간관계를 중요시한다.

☐ … 머리보다 가슴으로 일한다.

☐ … 구제하기 좋아한다(주는 것).

☐ … 상처를 잘 받는다.

☐ … 인정받기 원한다.

☐ … 거절을 잘 못하며 해 준 만큼 받고 싶어 한다.

E

- □ … 실용적이고 추진력이 있다.

- □ … 계산적이며 판단력이 빠르다.

- □ … 자기 성장과 함께 타인에게도 동기 부여를 해 준다.

- □ … 응용력이 뛰어나다.

- □ … 이미지 관리가 철저하다.

- □ … 최고가 되려고 한다.

- □ … 승부욕이 강하다.

- □ … 내 삶에 필요한 인간관계를 넓혀 간다.

- □ … 목표 지향적이다(재물, 자아개발).

- □ … 과장된 면이 있어서 적대시하는 사람들이 있다.

- □ … 목표를 위해서 모든 수단을 동원한다.

- □ … 타인을 컨트롤하려 한다.

F

☐ … 모든 것으로부터 자유함을 원한다.

☐ … 내면의 아름다움과 깊이가 있다(추구한다).

☐ … 감정과 감성이 풍부하다.

☐ … 패션 감각이 있다(야한 속옷).

☐ … 독특성, 창의성이 있다.

☐ … 자아가 강하고 개인주의적이다.

☐ … 내면 깊은 곳에 '나는 특별하다' 고 생각한다.

☐ … 예술적 재능이 뛰어나다.

☐ … 타인의 감정을 쉽게 느끼고 공감한다.

☐ … 눈물이 많다.

☐ … 감정 기복이 심하다.

☐ … 타인의 시선을 많이 의식한다.

G

□ … 탐구적이다(지식 축적욕구).

□ … 혼자 있으며 생각하기를 좋아한다.

□ … 분석과 관찰을 즐겨한다.

□ … 책을 많이 탐독한다.

□ … 지식 정보 수집을 잘한다.

□ … 철학적 사고를 가지고 있다.

□ … 다른 사람의 일에 별로 간섭하지 않는다.

□ … 원리를 근본적으로 알려고 노력한다.

□ … 창의력이 있다(남과 다른 생각).

□ … 혼자 있는 걸 좋아한다.

□ … 애교가 없고 무뚝뚝하다.

□ … 지적 교만이 많다.

- □ … 준비성이 강하다.

- □ … 한번 신뢰하면 다 믿고, 성실하며 신뢰를 중요시한다.

- □ … 자기 안전을 추구한다.

- □ … 규칙과 질서를 잘 지킨다.

- □ … 옳다고 생각하면 밀고 나가지만 논쟁은 안 한다.

- □ … 약속을 잘 지키며 낭비를 싫어한다(예산에 맞게 생활).

- □ … 안전 제일주의다.

- □ … 배움에 대한 열정이 있고 원만한 인간관계를 유지한다.

- □ … 솔직, 정직하며 배려심이 있다.

- □ … 남의 눈을 의식하고 불편한 관계를 싫어한다.

- □ … 의심이 많다.

- □ … 옳고 그름에 정확하다.

I

□ … 낙천적이고 긍정적이다.

□ … 재미있고 즐거운 일을 만든다.

□ … 현실적이며 열정적이다.

□ … 일을 동시 다발로 벌린다.

□ … 사교적이며 여행을 좋아한다.

□ … 호기심이 많다.

□ … 아이디어 뱅크로 다재다능하다.

□ … 사람을 폭넓게 사귀며 활동적이어서 늘 바쁘다.

□ … 상처를 잘 안 받고 실수를 두려워하지 않는다.

□ … 충동적이다.

□ … 뒷마무리가 부족하다.

□ … 소비성이 강하다.

가장 많이 체크된 유형이 본인 유형이다.

A	8유형	B	9유형	C	1유형
D	2유형	E	3유형	F	4유형
G	5유형	H	6유형	I	7유형

성격 유형별
특징 알아보기

"나는 합리적이고 원칙주의자이다."

- 정리정돈을 잘하며 원칙을 준수하고 준법정신이 뛰어나 신고도 잘 한다.
- 약속 시간을 칼 같이 잘 지킨다.
- 책임감이 강하며 보수적이다.
- 예의가 바르고 단정하다.
- 근검절약하며 판단을 잘한다(상대는 취조받는 느낌을 받음).
- 까다롭고 융통성이 없다.
- 완벽주의적 경향이 있으며 정직하고 깐깐하다.
- 거침없는 비판과 지적을 한다.
- 자기 원칙을 남에게 강요한다.
- 공과 사를 확실히 구분한다.

"나는 남을 돌보는 사랑스런 사람이다."

- 다정다감하고 스킨십을 좋아하고 다른 사람을 사랑하고 사랑받고 싶어 한다.

- 남을 돕는 데 적극적이고 봉사활동을 많이 하며 정이 많고 관대하며 이해심이 많다.
- 다른 사람을 잘 섬기고 인간관계를 중요시한다.
- 친절하고 사교적이며 처음 만난 사람과 대화도 잘하고 금방 친해진다.
- 인정받고자 하는 욕구가 강하며 거절을 못하고 해 준 만큼 받고 싶어 한다.
- 구제하기를 좋아하고 머리보다 가슴으로 일을 하며 의존적이고, 남을 조종하려는 경향이 있다.

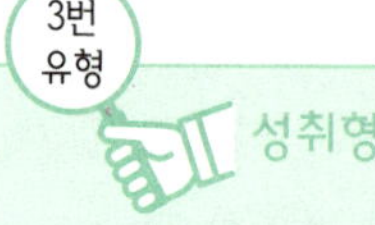

3번 유형

성취형

"나는 밝고 진지하며 유능한 사람이다."

- 실용적이고 추진력이 있다.
- 모든 일을 계획성 있게 하며 계산적인 면과 판단력이 빠르고 아나운서처럼 세련되게 말을 잘한다.
- 자기 성장과 함께 타인에게 동기 부여를 잘한다.
- 최고가 되려 하고 승부욕이 강하다.
- 삶에 필요한 인간관계를 넓히고 대인관계가 좋다.
- 목표 지향적이고 과장된 표현을 잘한다.
- 목표를 위해서 모든 수단을 동원해 목적을 이룬다.
- 융통성이 있고 임기응변에 능하고 보상적이다.
- 경쟁적이고 일중독으로 갈 수 있다.
- '돈! 명예! 성공!'을 추구한다.

- 모든 것으로부터 자유함을 원한다.
- 구속을 싫어하며 내면의 아름다움과 깊이가 있으며 감정과 감성이 풍부하다.
- 나는 특별한 사람이라 생각하고 튀는 것을 좋아한다.
- 독특하고 창의성이 있고 예술적 재능이 뛰어나다.
- 감정 기복이 심해 눈물이 많으며 우울증에 빠질 가능성이 높다.
- 타인의 시선을 많이 의식하고 자아가 강하며 개인주의적이다.
- 시기와 질투가 있다.
- 나에게 자유를 달라. 아니면 죽음을 달라!

- 탐구적이고 지식 축적 욕구가 강하다.
- 혼자 있기를 좋아하고 생각하기를 좋아한다.
- 최소주의로, 있으면 있는 대로 없으면 없는 대로 산다.
- 책을 많이 탐독하고 분석력과 관찰력이 뛰어나다.
- 철학적 사고를 가지고 있으며 근본적 원리를 알고자 노력한다.
- 창의력이 있으며 남과 다른 생각을 늘 한다.
- 애교가 없고 무뚝뚝하고 천재도 5번 유형에서 나오는 경향이 있다.
- 현명하고 지적 교만이 있다.
- 고립적이고 방관적이며 괴팍함이 있다.

- 규범과 규칙을 중요시하고 신용을 최우선으로 생각한다.
- 유비무환의 정신으로 미래를 준비하고 안전을 위해 의심하는 경향이 있다.
- 약속을 잘 지키고 낭비를 싫어한다(예산에 맞게 생활).
- 불안과 초조함이 있다.
- 배움에 대한 열정으로 백과사전이란 별명과 원만한 인간관계를 유지하고 솔직하고 정직하며 배려심이 있다.
- 안전을 점검하고 심사숙고한다.
- 확인하는 습관이 있고 옳고 그름에 정확하게 표현한다.
- 융통성이 부족하지만 모범생이다.

- 낙천적이고 모든 것을 긍정적으로 바라본다.
- 재미있고 즐거운 일을 만들고 분위기 메이커라 친구들에게 인기가 많다.
- 헌신적이며 열정적이고 일을 동시다발적으로 벌이고 마무리에 약하다.
- 사교적이고 여행을 좋아한다.
- 호기심이 많고 모험심이 강하다(투기도 잘한다).

- 아이디어 뱅크라 불리며 다재다능하다.
- 사람을 폭넓게 사귀며 활동적이어서 늘 바쁘다.
- 상처를 잘 안 받고 실수를 두려워하지 않는다.
- 충동적이고 소비성이 강하다.
- 산만하고 책임감이 부족하다는 말을 듣는다.

"나는 강하고 자기주장 또한 강한 사람이다."

- 자신감 있고, 도전적이며 주도적인 유형이다.
- 정의감이 있고 솔직하며 지도자적인 성향을 가지고 있으며 뒤끝이 없다.
- 배짱이 좋고 지배적인 성향이 강하고 힘이 있다. 그러나 약자에게 약하고 강자에게 강하다.
- 자존심이 세며 거칠게 명령조로 말을 한다.
- 도전정신이 뛰어나다(나에게 불가능이란 없다).
- 진실하며 순수하며 직관력이 있다.
- 매력을 지닌 Boss. 자기 방식대로 남을 통제한다.
- 나를 좋아하기보다 존중받기를 원한다.

- 상대방을 수용하고 배려하며 남의 말을 잘 듣는다(상담소장).
- 갈등을 싫어하며 평화를 추구한다.
- 조정과 중재를 잘한다.
- 남들과 갈등 상황을 만들지 않는다.
- 일을 할 때 전체를 본다.
- 차분하고 조용한 성격이다.
- 속고집이 있으며 동작이 느려서 일을 미루다가 끝에 몰아서 한다.
- 애교가 없다.
- 외유내강형이다.
- 이것도 좋고 저것도 좋다
- '아무거나'라는 말을 잘 사용한다.

1번 유형

- 이들의 도덕관, 높은 기준, 당신과의 관계에 대한 성실성을 높이 평가하라.

- 자기 기준에서 벗어날 때 지적하고 비판하는 성향이 있기 때문에 잘못을 했을 때는 확실히 인정하고 뉘우치는 모습을 보이면 너그러워진다.

- 잘못한 이유를 6하 원칙에 따라 말하고 논리적으로 이해할 수 있도록 설명하라.

- 원리·원칙주의자이기 때문에 원칙과 법규를 최소한으로 활용하라.

- 자신이 완벽하다는 것을 보여 줄 필요가 없음을 확신시켜라.

2번 유형

- 이들의 따뜻함과 관대함, 열정, 유머 감각에 감사를 표시하라.

감사하고 또 감사하라!

- ⊘ 이들이 당신에게 특별한 존재임을 재확인시켜라. 카드나 선물을 주고 포옹하라.

- ⊘ 비판해야 할 때는 부드럽고 요령 있게 하며, 아니라는 의사표현을 정확하게 하라.

- ⊘ 제스처와 음성으로 의사소통하라. 2번 유형에게는 말의 내용보다 말하는 방식이 더 중요하다.

- ⊘ 과잉서비스가 문제이기 때문에 당신을 위해 해 주는 것의 한계를 설정하라.

3번 유형

- ⊘ 이들의 성공과 성취를 인정하고 이루어 놓은 결과를 칭찬하라.

- ⊘ 이들이 관계에 많은 노력과 공을 쏟고 있음을 이해하고 감사를 표시하라.

- ⊘ 돈이 되는 일과 효율성, 효과성을 늘 강조하라. 결과와 성과 중심으로 말하라.

- ⊘ 내용이나 이론보다 행동을 강조하고 요약을 잘하여 핵심적인 것에 초점을 맞추라.

- ⊘ 서두르지 말고 마음을 느긋하게 갖고 여유 있게 일을 하도록 도와주라.

4번 유형

- 이들의 창조성과 뛰어난 직관력, 감정의 깊이를 높이 평가하라.
- 특별한 사람이라는 것과 새로운 것을 항상 창조하려는 것을 인정하라.
- 비판이 이들의 수치심을 자극할 수 있음을 기억하라.
- 특별한 공헌을 인정하며 감사 표현을 잘하라. 미진한 감사에는 감정적으로 상처를 받는다.
- 독립적이고 자주적이고자 하는 이들의 욕구를 이해하라.

5번 유형

- 직설적이고 간결하게 말하라.
- 무감각·무뚝뚝·무표정한 사람이고 스킨십을 싫어하고 감정적으로 둔감하다는 것을 인지하라.
- 이들이 자기 일을 할 때는 혼자 내버려 두라. 이들의 사생활을 존중하라.
- 사교적이 되라고 강요하지 마라.
- 대화보다는 이메일이나 카톡, 전화 연락을 선호하고 의사소통할 때 메모를 활용한다.

- 이들이 충실함, 지성, 인정스러움, 재치, 비상사태나 위기 상황을 극복하는 능력을 높이 평가하라.
- 신뢰를 위해 약속을 잘 지켜라. 신뢰가 한번 쌓이면 전적으로 그 사람을 믿는다.
- 이들이 화가 났을 때 한 발짝 물러나서 분노가 가라앉을 때까지 기다려라. 같이 화를 내는 것은 불난 데에 기름을 끼얹는 것과 같다.
- 모든 문제에 대해 명백하게 합의를 해서 의심의 여지를 남기지 않도록 하라.
- 법칙이나 계획을 자의적으로 바꾸지 말고 합리적인 이유를 갖고 사전 통보를 충분히 하라. 갑작스런 계획 변경에 상당한 스트레스를 받는다.

- 이들의 낙천주의와 자발성, 새로운 것에 대한 열정을 높이 평가하라.
- 스케줄이나 똑같은 일상 속에 이들을 묶어 두려고 하지 마라.
- 비판에 강하게 저항하기 때문에 비판을 할 때는 부드럽게 부탁

조로 이야기하라.

- 냉정하고 명확하게 이야기해야 행동의 변화를 일으킨다.
- 이들은 문제를 회피하려는 경향이 있다. 해결되지 않는 한 문제는 계속된다는 것을 일깨워 주라.

8번 유형

- 정직하고 직선적인 대화를 원한다. 좋고 싫음을 확실히 표현하라.
- 당신의 주장을 당당히 밝혀라. 당신의 의견을 무시하고 자신의 뜻대로 몰고 가도록 내버려 두지 마라.
- 비난하거나 지배하고픈 충동은 불안감의 징조이므로 이들이 많이 화가 났을 때는 한 걸음 물러서서 일단 화가 가라앉기를 기다려라.
- 대부분의 사람들은 정면으로 부딪치는 것을 싫어한다는 사실을 알려 주라.
- 혼자서 전부를 해야만 하는 유별난 사람이기 때문에 내 방식대로 해야 하고 전부 다 아니면 아예 포기한다는 것을 유념하라.

9번 유형

- 결정을 할 때 시간이 많이 걸리더라도 기다려 주라. 결론부터

말하고 필요한 부분에 한에서는 추가적으로 설명하라.

- ⊘ 평화를 위해 '아니요'라고 말하지 않기 때문에 침묵을 동의로 간주해선 안 된다.
- ⊘ 입장과 의도를 분명하게 표현할 때까지 기다려 주고 의견을 표현할 수 있도록 도와주라.
- ⊘ 압박, 잔소리, 불평을 하면 반발하기 때문에 명령이나 강요하는 투로 말하지 말고 공손하게 부탁하라.
- ⊘ 구조적인 것을 좋아하고 잘 명시된 절차와 분명한 명령체계를 원하며 마감이 임박해서야 속력을 높인다.

이 책을 통독한 후 보내는 응원의 글

"일단 이 책은 잘 읽힙니다. 문장이 비교적 간결하고, 굳이 어려운 단어를 사용치 않은 탓입니다. 둘째, 전개의 흐름이 좋습니다. 군더더기가 없고, 흐름도 유연하고 빠릅니다. 셋째, 메시지가 선명합니다. 저자담 메시지를 분명히 파악하고 있고, 그를 바탕으로 집필한 까닭입니다. 이번 저서를 통독한 바, 문희강 선생님은 장차 좋은 글과 책을 많이 엮어 내시리라 확신합니다. 기대하며 응원하겠습니다."

– 750만 독자의 가슴을 울린
『가시고기』의 저자, **조창인 작가**

상대방의 마음을 움직이는 소통

"허준의 『동의보감』에는 이런 글이 있습니다. '통즉불통(通卽不通)이면 불통즉통(不通卽通)이다.' 즉, 사람의 몸에 피나 기가 잘 통하면 아픈 데가 없을 것이요, 피나 기가 통하지 않으면 아픈 데가 있을 것이라는 뜻입니다. 여기에서 통(通)을 소통이라 하고, 이를 가정, 조직, 국가에 대입해 보면 딱 맞아떨어집니다. 그만큼 소통이 중요하다는 것이죠. 상대방의 마음을 움직이는 소통에 대해 알고 싶다면 이 책을 권합니다."

– 뉴패러다임센터 **대표 신동국**
(대한민국 명강사경진대회 그랑프리 수상 / 미사모 포럼대표)

다양한 의사소통법을 원하는 분들께

"심리학을 전공하고 진로상담전문가이자 진로교육 강사인 제게 무척 공감이 되는 내용입니다. 읽어 나가기 편하게 집필된 이 책은 기업조직 활성화 교육 강사분들께도 많은 참고가 될 뿐만 아니라, 부모 자녀 간 의사소통 교육을 진행하는 학부모교육 강사분들을 비롯하여 다양한 의사소통법을 원하는 분들께 많은 도움이 됩니다."

– 한국적성교육진흥원 **원장 이재현**
(행복한삶연구소 소장 / 북비전니스트)